AI
First

AI FIRST: The Playbook for a Future-Proof Business and Brand
by Adam Brotman, Andy Sack

AI 최전선

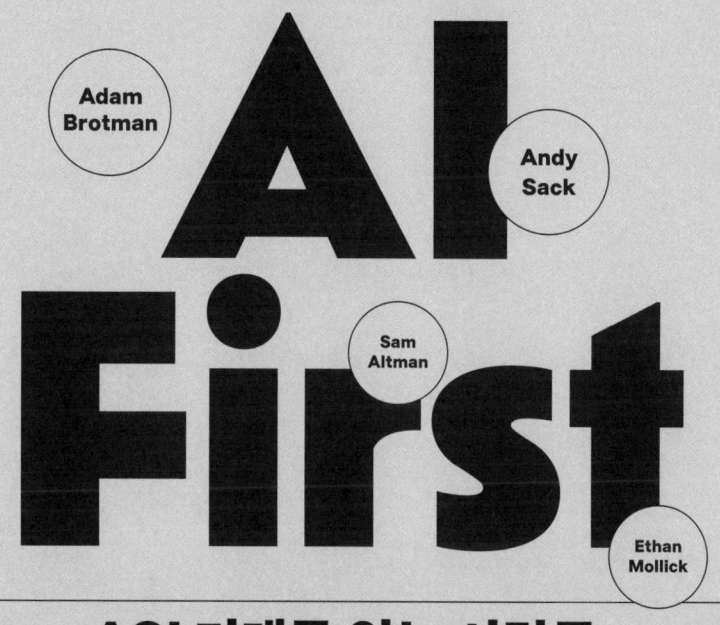

Adam Brotman

Andy Sack

Sam Altman

Ethan Mollick

AGI 미래를 읽는 사람들

애덤 브로트먼·앤디 색 지음 | 윤종은 옮김

Reid Hoffman

Bill Gates

윌북

차례

전율의 순간

2023년 10월의 눈부시게 화창한 어느 날, 우리 둘(애덤 브로트먼과 앤디 색)은 샌프란시스코 도심 한복판에 있는 프랭클린스퀘어의 놀이터에 우두커니 서 있었다. 아무 말 없이 몇 분 동안 서로를 멀뚱멀뚱 바라보며 방금 들은 이야기를 곱씹었다.

    우리는 오픈AI의 공동설립자이자 CEO인 샘 올트먼의 사무실에서 그를 만나고 나온 참이었다. 올트먼은 직접 회사 로비까지 마중을 나왔다. 샛노란색 후드티에 샛노란색 러닝화를 신고 맞으러 나온 모습에서 친근하고 따뜻한 분위기가 묻어났다. 우리도 우리대로 이야기를 잘 풀어나갔다. 현재 포럼3라는 회사를 운영하며 마케팅과 디지털 상호작용을 비롯한 영역에서 브랜드들의 AI 기반 솔루션 도입을 돕는 플랫폼을 구축하는 중이라 설명하고, 방향성에 대한 조언을 구했다.

　올트먼은 우리가 스타벅스와 일하며 이룬 성과를 높이 평가한다고 말했다. 애덤이 스타벅스의 최고디지털책임자^{CDO}로 재직하던 시기와 포럼3가 스타벅스와 함께 웹3.0 기반 로열티 프로그램인 스타벅스 오디세이를 구상하고 도입한 일을 염두에 둔 말이었다. 그는 우리 회사가 나아가려는 방향에도 긍정적인 반응을 보였다. 하지만 B2C 브랜드 마케팅에 대해서는 잘 모른다며, 최근에는 한 가지에만 집중한다고 말했다. 바로 AGI를 구현하는 일이었다.

　생각지도 못한 대답이었다. "AGI라고요?" 우리는 AGI가 '인공일반 지능^{Artificial General Intelligence}'의 약자이며, AI 모델이 스스로 생각하는 능력과 인간의 한계를 넘어선 초지능을 갖춰 영화 〈터미네이터〉에서처럼 인간을 공격할 만큼 주체적인 존재로 발전하는 시점을 가리킨다는 정도로만 이해하고 있었다. 올트먼은 우리가 그의 말을 다 이해하리라는 듯 자연스럽고 태연하게 AGI라는 말을 꺼냈다. 하지만 우리는 AGI를 제대로 공부해본 적이 없었기에 이렇게 물을 수밖에 없었다. "말씀하신 AGI라는 게 정확히 어떤 의미인가요?" 전 세계에서 손꼽히는 AI 분야의 선도자에게는 바보 같은 질문처럼 들릴지도 모른다는 생각에 어깨가 움츠러들었다. 그러나 올트먼은 잠시 생각한 뒤 이렇게 답했다. "당연한 질문입니다. 제 생각에 AGI란 AI가 혼자 힘으로 과학에서 획기적인 발전을 이뤄낼 수 있는 시점을 뜻합니다."

　"와… 정확히 무슨 뜻인지 아직은 잘 감이 안 오네요. 그럼 저희 같은 사람이나 광고 캠페인 등을 통해 회사를 키우려는 B2C 브랜드 마케터에게는 AGI가 어떤 변화를 가져올 거라 보시나요?" AGI가 장차 암을 치료할 수도 있다는 이야기를 듣자마자 이런 질문을 한다는 게 뜬금없고 수준 낮아 보였을지도 모른다. 그러나 올트먼과 대화를 나눌 시간이 얼마 남지 않았기에 우리가 몸 담은 비즈니스 영역으로 화제를 돌려야 한다고 생각했다.

"아, 그 분야에 관해서라면 AI는 지금 마케터들이 대행사, 전략 전문가, 크리에이티브 전문가들에게 맡기는 업무의 95퍼센트를 쉽게 처리할 겁니다. 시간이나 비용도 거의 안 들겠죠. 게다가 실제나 가상의 고객 포커스 그룹을 대상으로 창작물을 테스트해 결과를 예측하고 최적화할 수도 있을 겁니다. 그러니까 AI는 이 모든 일을 비용 없이, 순식간에, 완벽히 처리할 수 있죠. 이미지, 비디오, 캠페인 아이디어까지 뭐든 만들어낼 수 있습니다."

할 말이 없었다. 우리는 그저 고개만 끄덕거리며 그의 말을 곱 씹었다.

"마지막으로 하나만 더 여쭤보겠습니다. AGI가 언제쯤 현실이 될 거라고 보시나요?"

"앞으로 5년쯤 안에요. 조금 더 시간이 걸릴 수도 있겠죠. 하지만 그 시기가 정확히 언제일지, 사회에 어떤 변화를 가져올지는 아무도 모릅니다."

우리는 첨단 기술 시대의 디지털 전환DX을 주제로 이 책을 쓰고 있었지만, 올트먼을 만난 뒤 책의 방향을 처음에 구상한 것과 다른 쪽으로 바꿔야 한다는 사실을 깨달았다. 포럼3가 그래야 했던 것처럼 말이다.

우리는 급격히 디지털화된 환경에서 여러 기술이 융합하는 시대에 들어섰다는 비전과 확신을 바탕으로 회사를 세웠다. 목표는 B2C 브랜드들이 새로운 시대의 변화를 받아들이며 자기 브랜드를 키워나가도록 돕는 회사와 플랫폼을 만드는 것이었다.

혹자는 이미 한물간 개념이라 생각할지 모르지만, 우리의 출발점은 웹3.0이었다. 우리는 2021년 한 해 동안 몇몇 웹3.0 프로젝트를 기획하고 조언하고 운영한 뒤, 스타벅스로부터 고객 보상과 커뮤니티 활동을 결합한 로열티 프로그램인 스타벅스 오디세이를 구축하는 프로젝트를 수행했다. 2022년 12월에 출시한 오디세이는 초대받은 고객만 참여할 수 있음에도 예상보다 큰 반응을 얻었고, 100만 명에 달하는 고객이 대기 명단에 이름을 올렸다. 오디세이는 디지털 수집품을 기반으로 돌아가는 커뮤니티이자 게임이자 보상 프로그램으로, 고객의 참여를 이끌어내는 효과적인 기법들을 새로운 방식으로 결합한 플랫폼이다. 스타벅스 리워드 회원들은 오디세이를 플레이하기 위해 일련의 '브랜드 여정과 활동'에 참여하는데, 그들은 이를 통해 브랜드를 더 깊이 알아가고 디지털 수집품을 얻으며, 새로운 유형의 게임에서 레벨을 올려 음료 이용권이나 스타벅스 고유의 디자인이 담긴 텀블러 등을 보상으로 받는다.

따라서 포럼3는 본래의 목표를 잘 이루어나가고 있는 것처럼 보였다. 하지만 몇 달 뒤 샘 올트먼의 사무실에서 AI의 미래에 대해, 그리고 그게 포럼3에 어떤 의미가 있는지를 두고 이야기를 나누며, 우리는 무엇보다도 먼저 AI를 최우선으로 두는 'AI 퍼스트' 기업이 되어야 한다는 사실을 깨달았다. 그렇다면 이처럼 생각을 바꾸게 된 계기는 무엇이었을까?

그 계기는 바로 2022년 12월 오디세이와 같은 시기에 출시된 챗GPT였다. 챗GPT-3.5를 10분만 사용해보고서도 우리는 새로운 세상이 찾아왔음을 실감했다. 우리 두 사람은 디지털 분야의 선도자로 인정받을 만큼 업계에서 잔뼈가 굵었지만, 어안이 벙벙할 만큼 충격을 받았다.

우리는 20년 전 젊은 기업가들이 교류하는 모임에서 처음 만났다. 이 모임의 시애틀 지부는 우리를 '포럼3'라는 그룹에 배정했다. 그때부터 우리는 가까운 친구로 지내왔다. 앤디는 이후 여러 기술 회사와 시드 벤처 펀드를 설립했고, 마이크로소프트의 CEO 사티아 나델라와 그의 팀에 디지털 혁신에 관해 조언하기도 했다. 애덤은 스타벅스의 CDO를 거쳐 미국의 의류 기업 제이크루J.Crew의 사장 겸 공동 CEO를 지냈다.

2020년, 앤디는 블록체인 분야에서 벤처 펀드에 투자하는 재간접 펀드Fund of Funds를 설립했고, 애덤은 이 사업에 투자와 조언을 제공했다. 하지만 곧 다른 웹3.0 관련 펀드에 투자하는 것만으로는 이 분야에서 일어나는 변화를 제대로 이해할 수 없다는 생각이 들었다. 변화를 따라잡기 위해서는 웹3.0의 기반을 이루는 '토큰'과 해당 분야의 프로젝트에도 투자할 필요가 있었다. 때로는 우리가 투자한 프로젝트를 직접 운영해야 했는데, 이는 재간접 펀드의 설립 취지에 맞지 않는 일이었다. 그리하여 우리는 20년 전 활동한 모임의 이름을 따서 포럼3를 설립했고, 웹3.0 펀드와 별개로 웹3.0 프로젝트를 운영하고 조언하는 일에 직접 뛰어들었다. 20년간 우정을 쌓은 끝에 처음으로 함께 사업을 시작한 것이다.

2022년 초까지 우리는 몇몇 웹3.0 프로젝트를 만들고 운영하며 성공과 실패를 맛봤고, 그러던 중 스타벅스를 세계적인 브랜드로 만든 하워드 슐츠를 만났다. 당시 그는 스타벅스 CEO로서 세 번째 임기(이번에는 임시 CEO였다)를 시작하려던 참이었고, 우리가 구축한 방법론과 그동안의 경험을 훗날 스타벅스 오디세이로 발전할 새 프로젝트에 적용해보지 않겠냐고 제안했다.

그러나 오디세이가 출시된 직후, 챗GPT를 사용해보고 연이어 여러 대규모 언어 모델Large Language Model(이하 LLM)이 등장하는 것을 지켜본 뒤, 우리는 생성형 AI라는 기술이 우리가 웹3.0 기업을 지원하는 방식에 어떤 변화를 가져올지, 나아가 브랜드 전반에 어떤 영향을 미칠지를 놓고 고민을 나눴다. 그리고 그러한 물음에 미처 답을 찾기도 전에 생성형 AI가 만든 이미지와 영상을 접했다.

오디세이의 디스코드(초대받은 스타벅스 리워드 회원들이 오디세이에 대한 열정과 질문, 아이디어를 나누던 커뮤니티 채팅 플랫폼) 서버에서 우리는 미드저니Midjourney(사용자가 자연어로 입력한 설명을 바탕으로 이미지를 생성하는 AI 플랫폼)로 만든 스타벅스의 팬아트를 처음 보았다. 이 팬아트는 놀라울 만큼 아름답고 사실적이어서 전문가의 작품처럼 보였지만, 전문적으로 창작 활동을 한 적이 없는 스타벅스 리워드 회원들이 생성한 것이었다. 그리하여 우리는 이제 정식 교육을 받지 않은 고객들도 전문적인 브랜드 콘텐츠 제작자가 될 수 있다는 사실을 눈으로 확인했다. AI는 일반 고객들이 예술가나 디자이너, 개발자, 작가, 전략가가 되기 위해 넘어야 할 장벽을 낮추는 수준을 넘어 아예 허물어버릴 것이었다. '이런 미친'이라는 소리가 저절로 나오는 순간이었다.

생성형 AI가 이 정도 수준으로 텍스트, 소프트웨어, 이미지, 영상을 이해·학습·상호작용·창작할 수 있으며, 앞으로 더 발전할 일만 남았다면, 브랜드를 만드는 사람들이 마케팅과 로열티 캠페인을 구상·제작·실행하는 방식은 머지않아 뿌리째 바뀔 수밖에 없었다. 따라서 이제는 'AI 퍼스트'로 방향을 돌려 모든 역량을 집중해야 한다는 생각이 들었다. 쉬운 일은 아니겠지만 선택의 여지가 없었다. AI가 곧 미래였기 때문이다.

우리는 AI와 AI가 생성한 창작물을 활용해 기존의 업무 방식과 마케팅, 전략적 의사결정 과정 개선을 돕는 플랫폼과 도구를 구상하고 설계하는 데 착수했다. 그러면서도 생성형 AI와 그것이 브랜드에 미칠 영향을 탐구했다. 우리가 아는 가장 똑똑한 사람들을 찾아다니고, AI를 다룬 팟캐스트와 책(당시에는 관련 서적이 그리 많지 않았다)을 닥치는 대로 섭렵하고, AI 분야에서 영향력이 있는 인물들을 만나 대화를 나누었으며, 그 과정에서 샘 올트먼을 만나 우리의 생각을 뒤바꾼 이야기를 들었다.

AGI라는 개념이 우리에게 그토록 중요한 이유, 그리고 우리가 10월의 화창한 오후 샘 올트먼의 이야기를 듣고 말없이 생각에 잠긴 이유는 AGI가 너무나 파괴적이며 믿기 어려울 만큼 빠른 속도로 다가오고 있기 때문이다. 같은 이유로 AGI는 독자들에게도 중요한 문제다. AGI와 같은 거대한 변화가 5년 남짓한 시간 안에 일어난다는 말은 사실상 이미 코앞에 닥쳐왔다는 뜻이다(물론 그보다 더 먼 미래를 내다보는 전략을 세워놓은 독자도 있을 것이다). AGI가 5년 안에 닥치든 더 늦게 오든, 정확한 시점은 중요하지 않았다. 중요한 건 그토록 파괴적이고 상상하기 힘든 변화가 턱밑까지 닥쳤다는 사실이다. 우리는 기업과 브랜드가 이 기술을 받아들이고 대처할 수 있도록, 할 수 있는 모든 일을 해야 했다.

이 책이 탄생한 이유도 여기에 있다. 우리의 목표는 독자들이 우리가 지금 하고 있고 해야만 한다고 생각하는 일을 시작하도록 돕는 것이다. 요컨대, 우리는 독자들이 자신의 조직을 AI 퍼스트 조직으로 전환하도록 돕고자 한다. 뒤에서 계속 이야기하겠지만, AI를 조직 전반에 통합해 제대로 활용하면, 생산성은 물론 창의성까지 비약적으로 끌어올리고, 업무와 비즈니스의 성격을 근본적으로 바꿀 수 있다. AI에는 그만큼 엄청난 잠재력이 있다.

이를 위해 먼저 이 책에서 어떤 물음을 던질지, 그리고 그에 대한 답에 어떤 의미가 있는지를 명확히 규정할 필요가 있다. 여기서 AGI 자체를 탐구하려는 것이 아니다. 전 세계 수십억 명의 인터넷 사용자가 압도적인 지능을 가진 기술을 무료에 가까운 비용으로 손쉽게 이용할 수 있다면 어떤 기회와 위험이 생겨날지를 논의하려는 것도 아니다. AGI가 비용 절감·조직 운영·윤리·잠재적 위험·프라이버시 같은 일반적인 주제와 관련해, 기업과 기업가들에게 어떤 의미를 지니는지도 우리의 관심사가 아니다. 이 책에서 구체적으로 탐구하려는 것은 오늘날 브랜드 구축과 마케팅, 고객 관리를 위한 전략을 세우는 B2C 브랜드의 리더와 마케터들에게 AI가 끼칠 영향이다.

AI가 만들어냈지만 실제 고객들의 반응을 완벽히 예측할 수 있는 가상의 고객 '커뮤니티'를 대상으로, 신제품에 관한 아이디어나 마케팅 캠페인을 실험할 수 있다고 상상해보라. 게다가 지금 실험하려는 아이디어마저도 AI가 만들어낸 것이라면 어떻겠는가? AI가 데이터를 분석하고 소비자의 반응을 파악하고 실행 계획까지 세운다면? SF 영화를 보고 아무렇게나 지어낸 이야기가 아니다. 이것은 머지않아 닥칠 현실이며, 우리가 올트먼을 만난 뒤 프랭클린스퀘어 놀이터에서 말없이 곱씹은 문제의 핵심이다.

우리는 이 같은 변화가 고객의 기대에 어떤 영향을 미칠지 고민했다. 디지털 기술을 사실상 무료로 자유롭게 이용할 수 있는 시대에 고객들은 자신이 좋아하는 브랜드와 더 깊이 상호작용하기를 바랄까? 비디지털 세계(즉, 현실 세계)와 디지털 세계에서의 경험은 어떻게 달라질까? 소비자들은 둘 중 하나를 더 중요하거나 덜 중요하게 여기게 될까?

그리고 이 모든 변화는 어떤 과정을 거쳐 일어날까? 하루아침에 모든 게 바뀌지는 않을 것이다. 그렇다면 변화는 일정한 속도로 이뤄질까, 아니면 처음에는 느렸다가 어느 순간 급격히 빨라질까? 비즈니스 리더들은 이러한 현실과 변화 속도를 어떻게 받아들이고 대응해야 할까?

우리는 AI가 가져올 변화의 크기를 온몸으로 실감한 이 순간을 '전율의 순간'이라고 불렀다. 올트먼의 사무실에서 말 그대로 미친 듯한 충격을 받았기 때문이다. AI가 몰고 올 파장은 해일에도 비유할 수 있다. 우리는 무엇이 다가오는지 대강 알고 있다. 그 위력이 얼마나 대단할지도 안다. 하지만 정확히 언제, 어떻게 닥쳐올지는 모른다. 그러다 보니 아직은 B2C 브랜드의 마케팅 리더와 브랜드 담당자들이 소비자를 대상으로 AI를 활용한 사례를 찾아보기가 어렵다. 코카콜라, 현대, 하인즈 같은 기업들이 몇 가지 재미있는 실험을 한 적이 있지만, 대부분 보여주기식의 홍보성 실험이었다. 이제는 누구나 챗GPT, 클로드Claude, 파이Pi 같은 AI 서비스를 사용할 수 있으며, AI가 어떻게 진화하고 있는지 감을 잡아가고 있다. 그러나 비즈니스 리더들은 AI가 자신과 사업에 어떤 영향을 끼칠지 궁금해하면서도 이상하리만치 조용하게 주위를 두리번거리고만 있다. 이 해일은 언제 어떤 식으로 들이닥쳐 그들이 사는 세상을 휩쓸고 지나갈까?

인터넷의 잠재력과 영향이 완전히 드러나기까지는 우리가 처음 인터넷의 힘을 실감한 1999년부터 소셜미디어, 모바일, 클라우드 기술이 융합을 이룬 2008~2010년까지 10여 년이 걸렸다. 그렇다면 AGI처럼 강력하고 혁신적인 기술이 그 절반인 5년 만에 현실이 된다면 기업들은 지금 당장 무엇을 해야 할까? 지금 우리가 답하고자 하는 물음은 바로 이것이다. 우리는 회사의 역량뿐 아니라 모든 지식과 탐구심을 동원해 이 물음의 답을 찾고 있다.

우리는 이 책을 새로우면서도 오래된 방식으로 쓰고 있다. 먼저 오래된 방식이란, 찰스 디킨스가 자주 활용하던 연재 형식이다. 디킨스는 아마 경제적인 이유로 연재 형식을 택했을 것이다. 그의 첫 장편 소설『픽윅 클럽 여행기』는 매월 연재 형식으로 발행되었고, 다음 내용을 손꼽아 기다리는 독자들 덕분에 판매량이 폭증했다. 하지만 우리가 연재 형식을 택한 이유는 독자들에게서 실시간으로 피드백을 받는 구조를 만들기 위해서다. 앞에서 말한 새로운 방식은 바로 여기서 나온다. 이 책은 우리 두 사람만이 아니라 비즈니스 리더들이 참여하는 커뮤니티와 함께 만든 책이다.

책을 쓰는 일은 하나의 여정이다. 하지만 동시에 우리는 이 책의 주제인 'AI 공부'라는 또 다른 여정을 걸어왔고, 우리처럼 AI의 발전을 보며 호기심과 충격에 휩싸인 사람들과 그 여정을 함께하고자 했다. 그래서 한 챕터를 쓸 때마다 읽고 반응을 보여줄 그룹을 만들고 '우리의 AI 여정'이라는 이름을 붙였다. 우리는 연재분을 올린 뒤 매번 그룹의 구성원들과 논의를 벌였고, 구성원들은 AI에 관해 자유롭게 이야기를 나눴다. 독자들이 알아야 할 것에 대해 쓰고 싶은 말은 많았지만, 독자들에게 필요하고 그들이 알고 싶은 것이 무엇인지 실시간으로 물어보는 방식이 더 나으리라는 생각이었다.

많은 논의에 참여해 우리를 도와준 편집자에게도 책을 더 풍성하게 만들 아이디어와 주제, 피드백을 얻었다. 이런 방식으로 책을 쓴 덕분에 처음에 생각한 것과 전혀 다르면서도 훨씬 좋은 책을 만들었다고 자신 있게 말할 수 있다. 우리는 커뮤니티의 논의를 바탕으로 그때그때 계획을 바꿨고, 그 결과 우리의 커뮤니티가 독자들을 대신해 요구한 내용을 반영할 수 있었다.

일례로 커뮤니티에 책의 서문을 공개한 뒤 본문에서 가장 먼저 어떤 사례를 다루면 좋을지 묻자, 구성원들은 일단 한 걸음 물러서서 우리가 이 책이 던지려는 물음에 관해 학습하고 고민한 과정을 실시간으로 공유해달라고 요청했다. AI라는 거대한 해일이 비즈니스 리더와 브랜드 담당자들에게 어떤 의미가 있는지부터 이해하고 싶다는 것이었다. AI를 활용하는 구체적인 방법을 다루기 전에 AI가 어디까지 왔는지를 큰 틀에서 파악할 필요가 있다는 이야기였다. 우리는 그 의견을 받아들이기로 했다.

그리하여 우리는 단순한 사례 연구 중심의 접근법을 폐기하고 커뮤니티 구성원들에게 이 여정에 함께하자고 제안했다. 우리는 여러 사례를 제시하는 대신에 AI와 기술, B2C 브랜드가 만나는 곳에서 활동하는 최고의 전문가와 리더들을 인터뷰하고, 그들의 생각에 대해 함께 논의하는 방식을 택했다. 그 결과물이 바로 이 책의 1부다.

1부에서는 샘 올트먼, 빌 게이츠, 리드 호프먼 같은 전문가들의 견해를 바탕으로 AI 기술의 현황을 파악하고 전략적 차원에서 AI를 이해하고자 한다. 그들이 AI에 어떻게 반응하고 어떤 관점에서 AI를 받아들이는지를 살펴보면(그들과의 대화에서 우리는 또 다른 '전율의 순간'들을 경험했다), 독자들이 자신만의 관점을 세우는 데 큰 도움이 될 것이다.

2부에서는 이를 바탕으로 더 실천적인 내용을 다룬다. 온라인 교육 플랫폼 칸아카데미를 설립한 살만 칸, 생명공학 기업 모더나 등 선도자들의 사례를 중심으로 독자들이 어떻게 AI 퍼스트 조직을 만들기 위한 여정을 시작할 수 있을지를 논의할 것이다.

이 책을 끝까지 읽으면 여러분은 오늘날 AI가 어디까지 왔고 어디로 향하고 있으며, AI 퍼스트로 나아가기 위해서는 무엇을 할 수 있고 또 해야 하는지를 분명히 파악할 수 있으리라 믿는다.

⟳

획기적인 발전이 있었던 2024년 전까지 우리는 이분법적 사고에 갇힌 채 AI를 바라보았다. AI가 지금 당장 무엇을 할 수 있는지에만 초점을 맞추거나, 먼 미래에는 압도적인 능력을 지닌 AGI가 등장해 문명을 파괴하거나 구원할지도 모른다고 상상하는 식이었다. 하지만 그러던 차에 샘 올트먼을 만나 이야기를 나눈 뒤, 구글 딥마인드가 발표한 「AGI로의 발전 과정을 체계화하기 위한 AGI 단계 구분」이라는 논문을 읽었다.[1] 이 논문은 AGI의 발전 과정을 0단계(비非AI)부터 5단계(초인적 수준)까지 여섯 단계로 구분했다(표I-1 참고).

또, 논문에서는 제한된 범위의 특정 과제(X선 판독, 체스나 바둑 등)를 수행하는 능력과 범용 지식(폭넓은 인지 능력과 기술)을 보여주는 능력을 구분했다. 우리는 논문을 읽으며 AGI를 어느 날 넘어설 임계점 같은 기술이 아니라 다양한 능력을 연속적으로 발현해가는 스펙트럼 같은 기술로 이해했다. 요컨대 AGI는 어떤 면에서는 지금도 이미 존재하며, 매일·매주·매달 5단계를 향해 발전해가는 중이라고 볼 수 있다. 2023년 10월, 우리가 샘 올트먼과 만나 이야기한 AGI는 4단계나 5단계(수천 개의 전문적인 직업과 기술 영역에서 숙련된 성인의 99퍼센트와 맞먹거나 인간을 초월하는 수준)에 가까워 보였다. 인간을 초월한 능력을 가진 5단계 AGI는 흔히 초인공지능artificial superintelligence(ASI)이라고도 불린다.

AGI를 넓은 스펙트럼으로 보는 시각은 AI가 가져올 변화를 이해하는 데 도움이 된다. 이렇게 생각하면 AGI는 지금도 어느 정도 현실이 되어 있고 이 글을 쓰는 순간에도 다음 단계를 향해 발전하는 중이며, AGI와 ASI는 매일 조금씩 우리를 향해 다가오고 있다고 볼 수 있다. 다시 말해 진정한 AGI는 어느 순간 갑자기 등장하는 것이 아니며, 우리는 앞으로 나올 최첨단 AI 모델들에서 더 많은 'AGI의 불꽃'을 보게 될 것이다. 지금 이 순간에도 그러하듯이 말이다.

따라서 샘 올트먼이 말했듯, AGI는 역동적인 발전 과정을 거치며 5년 안에 우리 눈앞에 나타나 모든 것을 바꿔놓겠지만, 정확히 언제 어떤 모습으로 등장할지는 알 수 없다. 쉽게 받아들일 만한 이야기

표 I-1

능력의 깊이(성능)와 폭(범용성)을 기준으로 한 AI의 발전 단계

성능	범용성	
	좁음	넓음
의미	범위가 명확하게 지정된 작업	새로운 기술 학습과 같은 메타인지 작업을 포함한 넓은 범위의 비물리적 작업
0단계: 비AI	**좁은 비AI** • 계산기 소프트웨어 • 컴파일러	**범용 비AI** • 인간이 개입하는 컴퓨팅 시스템 예 아마존 메커니컬 터크
1단계: 초기 수준 숙련되지 않은 인간과 같거나 조금 나은 수준	**초기 수준의 좁은 AI** • GOFAI(Boden, 2014) • 간단한 규칙에 기반한 시스템 예 SHRDLU(Winograd, 1971)	**초기 수준의 AGI** • 챗GPT(OpenAI, 2023) • 바드(Anil et al., 2023) • 라마2(Touvron et al., 2023) • 제미나이(Pichai and Hassabis, 2023)
2단계: 유능한 수준 숙련된 성인의 50퍼센트보다 뛰어난 수준	**유능한 수준의 좁은 AI** • 유해 표현 탐지 시스템 예 직소(Das et al., 2022) • 스마트스피커 예 시리(애플), 알렉사(아마존), 구글어시스턴트(구글) • 시각적 질의응답 시스템 예 PaLI(Chen et al., 2023) • 왓슨(IBM) • 특정 작업(짧은 에세이 작성, 간단한 코딩 등)에 특화된 최신 LLM	**유능한 수준의 AGI** 아직 구현되지 않음
3단계: 전문가 수준 숙련된 성인의 90퍼센트보다 뛰어난 수준	**전문가 수준의 좁은 AI** • 맞춤법 및 문법 검사기 예 그래머리(Grammarly, 2023) • 생성형 이미지 모델 예 이마젠(Saharia et al., 2022), 달리2(Ramesh et al., 2022)	**전문가 수준의 AGI** 아직 구현되지 않음
4단계: 대가 수준 숙련된 성인의 99퍼센트보다 뛰어난 수준	**대가 수준의 좁은 AI** • 딥블루(Campbell et al., 2002) • 알파고(Silver et al., 2016; 2017)	**대가 수준의 AGI** 아직 구현되지 않음
5단계: 초인적 수준 인간을 능가하는 수준	**초인적 수준의 좁은 AI** • 알파폴드(Jumper et al., 2021; Varadi et al., 2021) • 알파제로(Silver et al., 2018) • 스톡피시(Stockfish, 2023)	**초인공지능(ASI)** 아직 구현되지 않음

출처: Meredith Ringel Morris et al., "Position: Levels of AGI for Operationalizing Progress on the Path to AGI," *Proceedings of the International Conference on Machine Learning*, no. 235 (2024), doi.org/10.48550/ARXIV.2311.02462.

는 아니다. AGI의 개념을 머리로는 어느 정도 이해하더라도 당장 실행에 옮길 계획이나 대응 방안을 떠올리기란 어려운 일이다. 우리는 이 문제를 곱씹으며 독자 커뮤니티의 구성원들이 '잠깐만요. 죄송한데, 지금 무슨 일이 벌어지고 있는지부터 설명해주세요'라고 요청한 이유를 알 수 있었다.

문제를 지나치게 단순화할 위험이 있지만, 우리는 독자들이 이 상황에서 할 수 있는 행동을 크게 세 가지로 본다.

- 첫째, 다가오는 차를 보고 얼어붙은 사슴처럼 가만히 있는 것이다. AI로 뭐라도 하려 들지 않더라도 AGI는 머지않아 서비스와 기술, 지식 전달 등의 영역에서 우리가 상상할 수 있는 모든 일을 해낼 것이다.
- 둘째, 효율성을 추구하는 것이다. 우리는 현재 AI가 가진 능력을 파악해 지금까지 해온 방식대로 기업의 생산성을 높이고 비용을 줄이는 데 AI를 활용할 수 있다.
- 셋째, 실험하고 배우는 것이다. 우리는 지금 당장 최신 AI 도구를 업무에 활용해보면서 다가오는 AGI 시대에 어떻게 사업과 조직을 운영할지를 실험하고 배우고 연습할 수 있다.

첫 번째 선택지는 고려할 가치도 없다. 그 길에는 실패만이 있을 뿐이다. 변화가 닥쳐오는데도 아무 대응도 하지 않다가 크나큰 대가를 치른 사례는 수도 없이 많으며, 기술 전환기의 대표적인 실패담으로 두고두고 사람들의 입에 오르내린다. 최근에 있었던 사례를 하나 들어보자. 2021년 4월, 애플은 iOS 14.5를 출시하면서 사용자들이 매체사(퍼블리셔)나 광고주가 자신의 데이터를 이용해 타깃 광고를 보내는 것을 거부할 수 있도록 했다. 그러자 사용자의 75퍼센트가 데이터 제공을 거부했다. 2023년 2월, 페이스북은 이로 인해 매출이 100억 달러 감소했다고 밝혔다. 이러한 변화를 예상하지 못한 마케터들은 타깃 고객을 설정하고 디지털 광고 예산을 투입하는 식의 기본 전략으로 고객을 확보하기가 훨씬 어려워졌다는 사실을 뒤늦게 깨달았다.

두 번째 선택지는 AI 시대에 살아남기 위해 당연히 해야 하는 기본 조건이다.

마지막 세 번째 선택지는 이 책에서 탐구하고자 하는 길이다. 우리는 이것이야말로 가장 효과적인 접근법이라 믿는다. 이는 단순히 직감에서 나온 판단이 아니다. 인터넷의 등장으로 일어난 지난 기술 전환기에도 기업들에는 마찬가지로 3개의 선택지가 있었다. 우리는 그중 세 번째 선택지를 고른 웹1.0, 웹2.0 시대 기업들의 사례를 통해 그 결과를 확인할 수 있다.

웹1.0 시대 초기에 일어난 닷컴 열풍은 버블의 붕괴로 이어지기는 했지만, 1999년 당시에 전 세계 모든 기업과 개인이 매일 인터넷을 사용하며 생산성의 기반으로 삼으리라 예상한 기업들은 이후로도 유리한 위치에 서게 되었다. 그들은 누구나 인터넷에 접속할 수 있는 세상이 열리기 훨씬 전부터 자신들의 비즈니스가 나아가야 할 방향을 실험하고 학습했기 때문이다. 광대역 인터넷이 널리 보급되고 스마트폰과 태블릿 같은 모바일 기기가 일상화되기까지는 그로부터 10여 년이 걸렸다. 그러나 이 시기에 승자가 된 것은 10년 뒤의 미래가 **이미 현실이 된 것처럼** 행동한 기업들이었다.

델Dell은 이를 잘 보여주는 사례다. 1990년대 말 인터넷 시대가 열리자 델은 곧장 전자상거래 채널을 구축했고, 옴니채널 소매 개념을 처음 고안했으며, 'Dell.com'이라는 주소를 모든 패키지와 컴퓨터에 새겼다(당시만 해도 이는 낯설고 보기 드문 행동이었을 것이다). 그들은 모든 사람이 언제 어디서나 인터넷에 연결되는 세상을 상상함으로써 경쟁 기업들보다 빠르게 배우고 실험할 수 있었고, 1998년부터 2008년까지 소매용 컴퓨터 시장을 지배했다. 그동안 델의 매출은 120억 달러에서 600억 달러로 5배 성장했는데, 이는 델 정도 규모의 기업으로서는 전례가 없는 성장이었다. 가령 같은 시기 애플은 매출이 60억 달러에서 370억 달러로 증가하며 델보다 더 높은 성장률을 기록했지만, 매출 규모는 한참 뒤처져 있었다.

2000년대에 들어서는 넷플릭스와 스포티파이가 세 번째 선택지를 골라 성공을 거뒀다. 두 기업은 모바일 기기와 광대역 인터넷이 보급되기 이전에 사업을 시작했지만, 결국 그들의 예측이 맞아떨어지면서 업계를 이끄는 대표 기업으로 자리매김했다. 넷플릭스는 주문형on-demand 영상 스트리밍 서비스에 개인화 기능과 자체 제작 콘텐츠를 결합하고자 했는데, 이는 모바일과 고속 인터넷, 컴퓨팅 기술을 결합한 스마트폰이 등장하기 전에는 기술적으로 실현하기 어려운 목표였다. 스포티파이는 아이폰의 등장 이후 스마트폰이 널리 보급되기 전인 2006년부터 주문형 음악 스트리밍 서비스를 시작하고 광고가 붙는 무료 모델과 광고 없이 고급 기능을 사용할 수 있는 유료 모델을 제공했다. 두 기업은 다가오는 변화가 현실이 되었을 때라야 비로소 작동할 수 있는 비즈니스 모델을 일찌감치 구축해둔 것이다.

스타벅스도 마찬가지다. 스타벅스의 모바일 결제·멤버십·주문 플랫폼은 앞서 예로 든 기업들과 같은 전략, 즉 1~2년 뒤 세상이 어떻게 변할지 상상하고 한발 앞서 새로운 비즈니스 모델을 실험하는 전략을 채택한 결과였다. 스타벅스는 애플페이나 구글페이보다 훨씬 전에 '모바일 결제'라는 새로운 개념을 도입해 지갑 없이 스마트폰만으로 모든 결제가 가능한 미래를 선보였다. 모바일 멤버십과 모바일 주문도 마찬가지였다. 스타벅스는 모든 사람이 스마트폰을 가지고 있고 스마트폰 없이는 살 수 없는 시대가 오기 훨씬 전부터 그러한 미래가 이미 현실이 된 것처럼 행동했다. 그러면서도 그들은 모바일 기술을 끊임없이 실험하고 적극적으로 활용해 선구적인 서비스를 선보였고, 그 결과 업계를 선도하는 플랫폼을 구축해 성공을 거두고 있다.

우리는 기업들이 4, 5단계의 AGI가 보편화될 때 더 큰 효과를 발휘할 전략과 서비스를 만들어야 한다고 믿는다. 올트먼이 말했듯, 그때가 되면 세상이 어떻게 달라질 것인지는 정확히 알 수 없다. 하지만 한 가지는 확실하다. 그런 날이 오더라도 삶은 계속될 것이고, 기업들은 여전히 제품과 서비스를 제공하고 마케팅 캠페인을 기획해 실행에 옮기는 일을 멈추지 않을 것이며, 상거래가 사라지는 일도 없을 것이다.

비즈니스 리더들은 AI가 아직 1, 2단계에 머물러 있더라도 그러한 미래를 예측하고 실험해볼 수 있다. 최신 LLM들은 이미 우리가 생각하는 것보다 많은 일을 할 수 있으며, 인간과 AI가 힘을 합치면 미래의 AGI가 보여줄 능력을 상당 부분 구현할 수 있기 때문이다. 지금도 우리는 맞춤형 GPT를 무료로 만들 수 있고, 규모가 큰 기업이라면 자체 모델을 학습시킬 수도 있다. 그리고 회사와 고객이 이러한 도구들을 활용한다면 효율성뿐만 아니라 제품과 서비스가 주는 경험의 질을 높일 수 있다. 지금부터 이런 준비를 해둔다면, 앞으로 5년 동안 AI가 AGI의 스펙트럼을 따라 한 단계 올라갈수록 훨씬 유리한 위치에 서게 될 것이다.

물론 말처럼 쉬운 일은 아니다. 지금도 우리는 어느 순간 정신이 멍해지는 충격에 '이런 미친'이라는 말만 되풀이할 때가 있다. 하지만 AI 퍼스트는 불가능한 목표가 아니다. 이미 우리 눈앞에는 지난 기술 전환기에 델, 스타벅스, 스포티파이가 걸어간 길을 따라가려는 기업들이 나타나고 있다. 이 여정에서 우리는 그들의 이야기를 독자들과 함께 나눌 것이다.

이제 본격적으로 여정을 시작해보자.

비즈니스의 판이 뒤집히다

AI First

무엇이 달라졌는가?

도구를 넘어 동료가 된 AI

샘 올트먼에게서 어안이 벙벙해지는 이야기를 들은 지 두 달쯤 지났을 무렵, 우리는 또 한 번 강렬한 충격에 휩싸였다. 이번 충격의 주인공인 리드 호프먼은 우리를 맞이하며 이렇게 말했다. "죄송합니다. 많이 기다리셨죠? 교황청 관계자분들이 AI에 관한 생각을 정리하시도록 돕느라 좀 늦었습니다."[1] 2023년 12월 초, 우리는 그레이록파트너스라는 유명 벤처캐피털 회사에서 그를 만났고, 방금 들은 말에 깜짝 놀라 귀를 의심했다.

호프먼은 교황청의 관계자들에게 어떤 이야기를 했는지 설명했다. 그는 AI가 언젠가 터미네이터처럼 인류를 공격할 수 있다는 자극적인 뉴스보다 AI가 지금 당장 인류에게 어떤 도움을 줄 수 있는지에 집중하도록 권했다고 말했다. "예를 들어 전 세계에는 일반의의 진료조차 받지 못하는 사람이 수십억 명에 이릅니다. 그런 사람들이 스마트폰으로 챗GPT나 파이(인플렉션AI가 만든 AI 챗봇)와 대화하면서 상당히 쓸 만한 의료 지원을 그때그때 무료로 받을 수 있다면 세상을 바꿀 만큼 큰 의미가 있겠죠. 교황청 사람들은 이런 일에 관심을 기울여야 합니다."

호프먼은 우리와 나눈 대화에서 '인간과 기계의 협업(인간+기계)'이라는 주제를 거듭 강조했는데, 앞 이야기는 그의 생각을 잘 보여주는 사례다. AI를 인간의 경쟁 상대로 묘사하는 글은 지금껏 수도 없이 쏟아져 나왔다. 그러나 호프먼은 인간과 AI가 어떤 식으로 힘을 합칠 수 있고 또 합쳐야 하는지를 고민했다. 호프먼의 시각은 우리가 비즈니스 리더들이 이 놀라운 신기술을 어떻게 대해야 할지 논의할 때 했던 생각과 맞닿아 있었다.

호프먼이 든 예시에 따르면, 인간은 기계(스마트폰과 AI)를 사용해 의료 환경을 근본적으로 바꿀 수 있으며, 이러한 변화는 2~4년 안에 현실이 될 것이었다. 이는 이후 이어진 60분간의 대화를 관통하는 주제였으며, 그 시간은 5분처럼 훌쩍 지나갔다.

리드 호프먼은 기술 분야에서 기업가로서 다채로운 경력을 쌓아오며 놀라운 성과를 이뤄낸 인물이다. 그는 이른바 '페이팔 마피아'의 일원으로 페이팔의 최고운영책임자COO를 지냈고, 링크드인을 창업해 CEO를 역임했으며, 지금은 그레이록파트너스의 제너럴 파트너이자 링크드인을 인수한 마이크로소프트의 사외이사로도 활동하고

1부 비즈니스의 판이 뒤집히다

있다. 특히 이 책과 관련해 중요한 점은 그가 샘 올트먼, 일론 머스크와 더불어 오픈AI가 설립된 초기부터 회사에 투자해왔다는 것이다. 또, 그는 딥마인드의 공동창업자 무스타파 술레이만과 함께 인플렉션AI를 설립하기도 했다.

이렇듯 그는 AI의 발전에 깊이 관여해왔으며, 생성형 AI와 LLM이 가져올 영향, 특히 AI가 기업 구축, 조직 설계, 마케팅 업무와 만나는 지점을 누구보다 훤히 꿰고 있었다.

우리는 호프먼에게 '우리의 AI 여정'에 관해 설명하면서 브랜드들이 생성형 AI를 수용 및 이해하고 활용해 장기적인 성장 전략을 추진할 수 있도록 돕는 회사를 운영 중이며, 그 과정에서 얻은 배움을 나누기 위해 하버드비즈니스리뷰 출판부와 함께 연재 형식으로 책을 쓰고 있다고 말했다.

호프먼은 이야기를 들으며 미소를 지었다. 우리가 앉아 있던 회의실 탁자 위에는 그의 노트북과 함께 주황색 하드커버로 된 책 두 권이 놓여 있었다. 그는 책을 집어 들어 우리에게 한 권씩 건넸다. 알고 보니 호프먼은 지난 1년간 오픈AI의 챗GPT-4(이하 GPT-4)를 어떻게 활용해왔는지를 담은 책을 출간했다.[2] 제목은 『인간을 진화시키는 AI^{Impromptu}』, 공동저자는 다름 아닌 GPT-4였다. 그는 즉석에서 이렇게 사인을 했다. "우리가 함께할 프로젝트들을 위해! ―리드."

"제 의견을 기꺼이 말씀드릴 테니, 두 분의 책에 실으셔도 좋습니다." 우리가 책을 훑어보는 동안 호프먼이 말했다.

10분도 지나지 않아 우리 세 사람에게는 이 모든 변화와 가능성을 이해해 널리 알리려는 공통의 열정이 있음을 깨달았다. 우리는 곧장 대화에 깊이 빠져들었다. 호프먼의 책을 잠깐 훑어본 것만으로도 이 자리가 정말로 뜻깊은 시간이 되리라는 예감이 들었다.

오픈AI의 초기 투자자로 참여한 호프먼은 GPT-4가 2023년 3월에 공개되기 전부터 이 모델을 사용해볼 수 있었다. 더 구체적으로 말하면, 그는 2022년 11월 GPT-3.5가 전 세계를 충격에 빠뜨리며 생성형 AI의 시대를 열고 AI 열풍을 불러일으키기도 전에 GPT-4를 접했다.

그의 책 서문에서 호프먼은 생성형 AI를 사용해보고 받은 첫인상과 AI 생태계의 토대가 되는 파운데이션 LLM들의 역량에 관해 이야기한다. "GPT-4는 분명 이전 모델들과 비교하면 한층 능숙한 모습을 보였다. (…) GPT-4는 그 자체로 새로운 장치는 아닐지라도 우리 뇌를 보조하는 만능 도구로서 스마트폰처럼 없어서는 안 될 존재가 될 것이다."

이어서 호프먼은 이렇게 말한다. "현대인은 직장에서든 다른 영역에서든 주로 정보를 처리하고 행동으로 옮기는 일을 한다. GPT-4는 이런 작업을 훨씬 빠르게 하도록 도울 뿐 아니라 인간이 가진 능력의 폭과 범위까지 넓혀줄 것이다. (…) 인간의 감독이나 개입 없이 GPT-4에 모든 일을 맡기면 이 도구는 제힘을 발휘할 수 없다. 반대로 인간 사용자가 GPT-4를 코파일럿copilot, 즉 사용자의 판단을 보조하며 함께 일하는 파트너로 대하면 GPT-4는 훨씬 큰 힘을 발휘한다. 계산 능력을 바탕으로 정보를 효율적으로 생성·종합·확장하는 GPT-4의 능력에 인간의 창의성과 판단력, 안내가 결합하면 폭발적인 시너지를 내기 때문이다.

'인간과 기계의 협업'을 중시하는 호프먼의 생각을 잘 알 수 있는 대목이다.

우리는 샘 올트먼과 나눴던 주제를 계속 이어가고 싶었다. 우리는 AI 모델들이 엄청난 속도로 발전하고 있으며, 모든 기업이 AGI가 눈앞에 닥쳐오는 현실을 받아들이고 대응해야 한다는 이야기에 영감을 받는 동시에 약간의 경외감마저 느꼈다. 그렇기에 머릿속에는 이런 물음들이 떠올랐다. 'AGI가 현실이 된다면 어떤 모습일까? 기업은 어떻게 준비해야 할까? 다가올 현실에 대한 이해를 시장에서 경쟁 우위로 활용할 방법은 없을까? 브랜드 담당자와 마케터는 어떻게 이 기술을 새로운 방식으로 활용해 회사의 성장을 도울 수 있을까?' 그래서 우리는 '앞으로 세상은 어떤 방향으로 변할까?'라는 물음을 염두에 두고 AGI에 대한 호프먼의 생각을 물었다.

호프먼은 AGI가 3~7년 안에 현실이 되리라고 보았으며, 그때가 되면 어떤 세상이 펼쳐질지 주저 없이 대답했다. 그는 AGI를 크게 서로 대비되는 두 관점에서 이해할 수 있다고 말했다.

첫 번째는, AI가 인간만이 가능했던 방대한 인지 작업을 수행할 능력을 갖출 때 AGI가 구현되었다고 보는 관점이다. 그렇게 되면 사람들은 대부분의 인지 작업이나 문제를 해결하는 과정에서 AGI를 코파일럿으로 활용할 것이며, 이에 따라 업무 현장에서는 사고의 속도와 결과물의 수준이 5~10배까지 향상되는 효과가 나타날 것이다. 호프먼은 AI가 지금도 이미 그 수준에 거의 다다랐다고 보았다. 다만 아직 AGI가 구현되었다고 말할 수 없는 이유는, 가령 GPT-4가 5단계 정도의 계획은 세울 수 있어도 15단계에 이르는 복잡한 계획까지는 감당하지 못하기 때문이다. 호프먼은 그 정도로 발전한 형태의 AGI가 3~7년 안에는 구현될 것이라 보았다.

두 번째는 AI가 인간과 비슷한 정도의 범용적인 능력과 일정 수준의 주체성을 갖추고, 인간이 크게 개입하지 않더라도 스스로 행동하고 학습하며 다양한 목표를 달성할 수 있을 때, AGI가 구현되었다고 보는 관점이다. 호프먼은 올트먼이 AGI를 이해하는 방식은 두 번째 관점에 더 가까울 테지만, 이쪽은 더 예측하기가 어렵다고 말했다. 이러한 정의에 따르면, AGI가 구현되었을 때 개인이나 기업이 실제로 어떻게 행동하게 될지를 상상하기 어려우며, AGI가 구현되기까지는 최소 5년 이상 걸릴 가능성이 크다는 것이 그 이유였다.

그리하여 우리는 첫 번째 관점에 집중하기로 했다. 호프먼은 이렇게 말했다. "적어도 언어가 개입되는 모든 작업에는 AI를 코파일럿으로 사용할 겁니다. 비즈니스를 하면서 언어를 조금이라도 사용한다면 기업용 AI 코파일럿을 사용하겠죠. 분야에 상관없이 어느 산업에서나 마찬가지입니다. 예를 들어 어떤 사람은 '잠깐만요, 저는 철강업에 종사하는데 그럼 저와는 상관없는 이야기 아닌가요?'라고 물을 수도 있겠죠. 하지만 대답은 '그렇지 않다'입니다. AI 코파일럿을 사용해서 새로운 제철 기법을 고안해내지는 못하더라도 철강사에서는 영업, 마케팅, 사업 분석을 수행해야 할 테고, 이 모든 활동에는 언어가 필요하죠. 24시간 작동하는 AI 코파일럿을 사용하면 모든 업무 영역에 큰 영향을 미칠 겁니다."

그렇다면 AI 코파일럿과 일하는 것은 업무 현장에 어떤 변화를 가져올까?

호프먼은 각 부문의 리더가 항상 AI를 활용해 계획하고 분석하고 전략을 세워 조직에 명확하게 전달한다면 회사의 모든 핵심 기능에 '10배의 증폭 효과'가 나타날 것이라 보았다. 그는 이것이 생산량이나 품질이 10배가 된다는 뜻은 아니라고 말했지만, 실리콘밸리에

1부 비즈니스의 판이 뒤집히다

서는 '10배 엔지니어'처럼 10배라는 표현을 즐겨 사용하며, 이는 평균보다 속도와 품질이 모두 뛰어난 상태를 가리킨다.

이어 우리는 이러한 변화가 자원 관리에 어떤 영향을 끼치는지를 논의했다. "갑자기 영업 인력에 10배의 증폭 효과가 나타난다면 영업사원이 더는 필요가 없어진다는 뜻일까요? 아니죠. 영업사원은 여전히 필요할 겁니다. 하지만 업무 과정에는 큰 변화가 있겠죠. 예를 들어, 잠재 고객을 발굴해 평가하는 일이나 AI 에이전트를 활용해 잠재 고객을 선별하는 일은 계속 중요하겠지만, 그 과정에서 AI의 역할이 훨씬 커질 겁니다. 핵심은 기업들이 앞으로도 지금처럼 영업이라는 기능을 중요하게 생각하리라는 점이에요."

"마케팅도 마찬가지입니다." 호프먼이 이야기를 이어갔다. "AGI가 구현된 세상에서도 기업들은 여전히 서로 경쟁할 겁니다. 그렇다면 마케팅 부서는 어떻게 될까요? 아마 마케팅에 쓰는 비용은 크게 달라지지 않을 겁니다. 기업들은 계속 시장점유율을 놓고 경쟁을 벌일 테니까요. 다만 사용하는 도구는 완전히 달라지겠죠. 가령 지금은 10명이 단순한 입력 업무를 하고 있다면, 나중에는 그 수가 1명 이하로 줄어들지도 몰라요. 하지만 진정한 증폭 효과는 인간과 AI가 힘을 합치는 지점에서 나타납니다."

호프먼은 기업용 AI 코파일럿이 머지않아 필수가 되리라고 보았다. 호프먼의 이야기를 듣는 동안 인간과 기계의 협업이라는 개념이 점점 생생하게 다가왔다. 지난 20년간 이 개념을 다룬 글과 책이 쏟아져 나왔고, 최근에는 하버드비즈니스리뷰 출판부에서 『휴먼+머신』이라는 책을 출간하기도 했다. 아직 이 개념을 지칭하는 전문 용어로 자리 잡은 표현은 없다. 호프먼은 이를 '켄타우로스(그리스 신화의 반인반마를 가리키는 말이지만, 이 경우에는 '반인반AI'를 뜻한다)'라고도 한다 말했지만, 우리는 모두 이 개념을 설명하기에 썩 적절한 용어는 아니라는 데 동의했다. 포럼3에서는 인간과 기계의 협업을 AI 메카닉 슈트를 입은 인간(로버트 다우니 주니어가 영화에서 입은 아이언맨 슈트를 떠올리면 된다)에 비유하기도 했지만, 다들 웃음을 터뜨리며 이 표현도 켄타우로스보다 나을 것은 없다는 데 의견을 같이했다.

호프먼은 인간과 기계가 힘을 합칠 때 얼마나 큰 상승효과를 낼 수 있는지 이해하려면, 산업혁명에서 증기기관이 한 역할을 떠올리면 된다고 말했다. "AI는 인간 지성을 위한 증기기관과도 같습니다." 1800년대 초, 증기기관으로 작동하는 기계들은 공장과 산업 전반의 생산성을 비약적으로 높였고, 인간은 기업과 산업을 구축하는 과정에서 더 창의적인 영역에 집중할 수 있게 되었다. 물론 인간은 여전히 산업 활동 전반을 이끌어야 했지만, 그 시대에 진정으로 성장하고 경쟁하려는 모든 기업은 인간과 증기기관의 협업이라는 새로운 패러다임을 표준으로 삼았다. 마찬가지로 기업용 AI 코파일럿은 이 시대의 증기기관이라 할 수 있다.

이어서 우리는 한동안 AI 에이전트에 관해 이야기했다. AI 에이전트란 AI의 지능과 능력을 갖추면서 독립적이고 자율적으로 행동할 수 있는 소프트웨어를 말한다. AI 에이전트에게 목표를 주고, 그 에이전트가 기반이 되는 AI 모델을 활용해 주변 환경을 감지하고 상호작용하며 학습·행동하도록 프로그래밍하면, 에이전트는 주어진 목표를 스스로 달성할 수 있게 된다. 이렇듯 AI 에이전트는 챗GPT처럼 사용자가 프롬프트를 입력해야만 답을 제공하는 반응적·비자율적 어시스턴트 모델과 작동 방식이 다르다.

에이전트 기능이 없는 현재의 멀티모달multimodal LLM(텍스트, 이미지, 음성 등 여러 형태의 정보를 처리하는 AI 모델)과 에이전트가 결합된 LLM의 역량에 어떤 차이가 있는지는 다음의 예를 통해 쉽게 이해할 수 있다. GPT-4에게 가족과 디즈니랜드에 갈 예정이니 여행 일정을 짜달라고 요청한다고 해보자. 사용자가 맥락을 제시하고 선호하는 조건을 설명한 뒤, 전체 일정을 단계별로 만들어달라고 하면 GPT-4는 훌륭한 결과물을 내놓을 것이다. 그러나 GPT-4는 여행을 어떤 식으로 계획할지 자세히 설명해주는 것 이상의 일을 하지 못한다. 반면 AI 에이전트는 결제 정보와 마일리지 프로그램 정보를 활용해 사용자에게 딱 맞는 항공권을 구매하고, 호텔과 렌터카를 예약하고, 디즈니랜드의 표를 예매하고, 저녁 식사를 예약하는 식으로 계획을 실행에 옮길 수 있다. 물론 이를 위해서는 사용자가 신용카드, 멤버십, 여행에서 선호하는 조건 등을 에이전트와 연결해야 하지만, 일단 연결을 마치고 나면 에이전트는 이 모든 일을 도맡으며 여러 업체의 예약 시스템이나 고객 지원 담당자와 소통하는 일까지 대신 처리해줄 것이다.

"우리는 AI 에이전트가 도처에서 활동하는 세상에 살아가는 데 익숙해져야 합니다. 앞으로는 기업마다 내부 업무용 에이전트와 외부 업무용 에이전트를 비롯해 여러 개의 AI 에이전트를 사용할 겁니다." 호프먼은 다가올 AI 시대를 이렇게 전망했다.

특정 과업과 목표에 맞춰 설계되었으며 스스로 판단하고 행동하는 능력을 갖춘 독립형 AI 에이전트는 AGI 시대에 모든 산업에 혁신을 가져올 것이다. 예를 들어, 사람이나 화물을 A 지점에서 B 지점까지 안전하게 운송하는 것만을 최우선 목표로 삼는 AI 에이전트가 자율주행차를 구동한다고 생각해보라. 호프먼은 매년 4만 명이 교통 사고로 사망한다는 통계를 언급하며 이렇게 말했다. "사람은 실수나 어리석은 행동을 저지릅니다. 운전 중에 문자 메시지를 보내는 것이 나 음주 운전처럼 말이죠. 그렇다면 인간을 운전 과정에서 배제하는 편이 오히려 현명한 선택일 수 있겠죠."

그런데도 왜 아직은 주변에서 AI 에이전트를 거의 찾아볼 수 없을까? AI도 실수를 저지를 수 있기 때문이다. LLM이 없는 사실이 나 출처를 지어내는 식의 오류(일명 환각Hallucination 현상)를 저지르는 사 례는 어렵지 않게 찾을 수 있다. 게다가 AI는 때로 수학 계산이나 기 본적인 논리 문제를 처리하는 데 어려움을 겪기도 한다. 이러한 한계 를 생각하면, 제대로 된 AI 에이전트 시스템을 개발하고, 일반 사용자 와 기업들이 중요한 데이터나 금융 정보, 생명과 직결되는 업무를 AI 에이전트에 맡기기까지 시간이 필요한 이유를 쉽게 이해할 수 있다.

그러나 지금도 AI 에이전트 도구 개발에는 막대한 자본과 에너 지가 투입되고 있다. 따라서 호프먼이 머지않아 AI가 사회 전반에 녹 아들었을 때 AI 에이전트가 어떤 역할을 할지에 주목하는 것은 당연 한 일이다. 그는 특히 기업 환경에서 AI 에이전트를 어떻게 활용할 것 인가 하는 구체적인 주제를 다룰 때는 회사 내부의 업무를 수행하는 내부용 에이전트와 고객 서비스, 고객 지원, 주문 처리 등을 수행하는 외부용 에이전트를 모두 고려해야 한다고 말했다. 그중에서도 내부 용 에이전트와 관련해 호프먼은 마이크로소프트의 CEO 사티아 나델 라를 찾아가 최신 버전의 마이크로소프트 팀즈Teams를 시연해달라고 부탁하면 어떻겠냐고 조언했다. 팀즈에는 이미 내부용 에이전트가 내장되어 있으며, 이 에이전트는 팀즈로 열리는 온라인 회의에 참석해 회의록을 작성하고, 회의에 참석하지 않았지만 회의 내용을 알아야 할 사람을 찾아내고, 회의 결과에 따른 후속 조치를 정리하고, 회사 내부에 있는 관련 자료의 링크를 찾아주는 기능을 갖췄다. 모든 기업의 업무는 팀 단위로 이루어진다. 마이크로소프트 팀즈는 이제 특정한 목표와 기능을 가진 AI 에이전트가 팀의 일원으로서 회의에 참여하게 될 날이 머지않았음을 보여준다.

⟳

이어서 우리는 AI 에이전트가 정말로 기업의 특정 기능을 혁신할 수 있는지를 논의하기 시작했다. 가령 AI 에이전트는 고객 서비스를 고객 관리나 영업의 영역으로 확장할 수 있을까? 그렇게 된다면 AI 에이전트와 그 에이전트를 설계하고 관리하는 사람들에게 완전히 새로운 직무가 생기는 셈이다. 예를 들어 소비자가 고객 지원을 받기 위해 LLM 기반의 챗봇 에이전트에 연락한다고 생각해보자. 그런데 이 에이전트가 단순히 문제를 해결하는 데 그치지 않고, 대화 속에서 영업 기회를 포착하도록 설계되어 있다면 어떨까? 이를테면, LLM이 지닌 이해력과 설득 능력을 활용해 새로운 상품이나 서비스를 제안하거나 프리미엄 기능으로의 업그레이드를 권유하는 것이다. LLM 기반이 아닌 AI 에이전트는 변화하는 맥락을 이해하는 능력과 언어 능력이 부족하므로 이러한 일을 해내기가 훨씬 어렵다.

이렇게 AI가 가져올 변화를 놓고 대화를 나누다 보면 AI가 일자리를 없애버릴 것이라는 불안에 빠지기 쉽다(아마 독자들이 AI에 대해 생각할 때도 크게 다르지 않을 것이다). 그러나 우리의 대화는 그러한 결론으로 이어지지 않았다. AI가 발전하면 물론 일부 일자리가 사라지겠지만, 동시에 그보다 더 많은 일자리가 생기고 그에 맞춰 새로운 기술이 필요해질 것이다. 가령 자동차가 등장하면서 말채찍을 만드는 업체들은 사업을 접어야 했지만, 그와 동시에 동력 장치를 다루는 엔지니어, 세차장, 와이퍼 제조사 같은 새로운 일자리가 생겨났다. 마찬가지로 AI는 일부 일자리를 없애거나 바꾸는 동시에 새로운 유형의 기술과 직무를 만들어낼 것이다. 일례로 크리에이티브 직군을 생각해보자. 오늘날 그래픽 디자이너는 뛰어난 시각적 사고 능력뿐 아니라 포토샵 같은 디자인 도구를 다루는 정교한 손기술도 필요하다. 그러나 호프먼은 AI 도구와 에이전트가 일반화되면 손기술이 아니라 시각적 사고 능력이 관건이 되리라 전망하며 이렇게 덧붙였다. "도구는 변하겠지만, 시각적 사고와 창의적 연출 능력은 어느 때보다 중요해질 겁니다."

대화를 마무리할 시간이 다가오자, AGI와 향후 3~7년간의 변화를 둘러싼 논의에서 벗어나 지금 당장 해야 할 일로 화제를 옮겼다. 우리는 호프먼에게 비즈니스 리더들이 곧바로 실천에 옮길 수 있는 구체적인 조언을 구했다.

"지금부터라도 AI를 코파일럿으로 삼아 실험하고 활용하기 시작해야 합니다." 호프먼이 힘주어 말했다. "AI 에이전트를 개발할 사람을 찾을 수 있다면, 업무 과정에서 에이전트를 조금씩 활용하기 시작하는 것도 좋습니다." 지금 당장 시작하라는 말은 단순히 AI를 빨리 써봐야 한다는 뜻이 아니다. 이는 비즈니스 리더들이 '이 기술을 나와 내 사업에 어떻게 적용할 수 있을까?'를 스스로 풀어낼 수 있을 만큼 유연한 사고를 갖춰야 한다는 뜻이다. 그리고 이 과정에서 얻은 지식과 정보를 연결해 자신의 조직과 분야에 맞는 전략을 만들어낼 수 있는 사람은 오직 비즈니스 리더뿐이다.

또, 호프먼은 이렇게 덧붙였다. "AI 도구들을 활용해 '공격 전략offense game'과 '방어 전략defense game'을 세우기 시작해야 합니다. 공격 전략이란 생성형 AI를 업무 과정에 통합함으로써 시장점유율과 이윤을 높이고 경쟁사들보다 앞서갈 수 있는 지점을 찾아내는 일을 말합니다. 그리고 이러한 판단을 내리기 위해서는 실험을 통해 근거를 마련해야 합니다. 'AI를 도입하면 시장에서 차지하는 위치가 달라질까?' '제품 구성을 바꿔야 할까?' '마케팅 전략은 또 어떻게 달라져야 할까?' 이러한 물음을 계속 던지며 답을 찾아야 해요."

반대로 방어 전략을 세울 때는 경쟁사가 AI 도구들로 무엇을 할지를 생각해야 한다. 이 같은 고민은 공격 전략을 세우는 데도 도움을 주기에 공격 전략과 방어 전략을 세우는 일은 서로를 강화하는 선순환을 이룰 수 있다.

호프먼과의 대화는 놀라울 만큼 유익하면서도 구체적이었다.

우선 호프먼은 고도화된 AI 시대에 비즈니스 리더들의 업무 방식이 어떻게 달라져야 할지에 대해 명확한 비전과 해법을 제시했다. 비즈니스 리더들은 부문별 책임자들과 전략을 세우는 단계에서부터 AI를 코파일럿으로 삼아 실험을 거듭하며 AI 활용 능력을 키워야 한다. 이와 동시에 리더들은 경쟁사들이 AI를 활용해 무엇을 하고 있을지를 상상하고, 나아가 AI 에이전트가 회사에 어떤 변화와 혁신을 가져올 수 있을지를 고민해봐야 한다.

두 번째로 우리는 호프먼과 대화를 나누며 AI 시대가 직전에 있었던 DX 시대(소셜·모바일·클라우드 기술의 시대)와 비슷하다는 점을 떠올렸다.

2008년에 출시된 아이폰 앱스토어는 소셜·모바일·클라우드 기술이 만난 기술 융합 시대를 열었다. 아이폰 앱스토어가 문 열 무렵(안드로이드도 곧 그 뒤를 따랐다)에는 신생 기업이었던 페이스북이 급격히 성장하며 소셜미디어 현상을 만들어냈다. 그리고 이러한 변화는 아마존 웹서비스^{AWS}, 마이크로소프트 애저^{Azure}, 구글 클라우드 같은 서비스의 등장으로 클라우드 컴퓨팅이 널리 보급되는 상황에서 일어났다.

세 기술의 융합은 사회와 비즈니스 전반을 뒤흔들었으며, 그 영향은 브랜드 마케팅과 고객 참여 영역에서 더욱 두드러졌다. 주요 브랜드들은 소셜미디어와 모바일 앱, 데이터에 기반한 마케팅 전략을 세워야 했다. 이제 DX를 위해서는 조직과 전략을 디지털 환경에 맞춰 재설계해야 했으며, B2C 브랜드들은 최고디지털책임자^{CDO}, 최고경험책임자^{CXO} 같은 새로운 직책을 신설했다.

그리하여 2008년부터 코로나19 팬데믹이 닥친 2020년까지 전 세계의 B2C 브랜드들은 디지털 중심의 사고방식을 갖추기 위해 노력했다. 이러한 변화는 고객을 확보하는 전략과 고객의 참여를 유도하는 방식에서 특히 두드러졌다. 가령 이 시기에는 과거의 클릭과 검색 기록을 바탕으로 고객을 타기팅하거나 소셜미디어 참여도와 검색 데이터를 기준으로 기존 고객과 비슷한 이용자를 찾아내는 방식이 널리 쓰이면서 브랜드를 성장시키기 위한 디지털 마케팅 실행 전략이 체계화되었다. 데이터 기반 타기팅과 프로그래매틱programmatic 방식(알고리즘에 따라 자동으로 광고를 구매하고 송출하는 방식—옮긴이)을 활용한 유료 디지털 광고는 특히 소셜미디어와 검색 플랫폼에서 필수 수단이 되었으며, 마케팅과 성장 전략에서 가장 중요한 위치를 차지하기에 이르렀다.

이와 동시에 B2C 브랜드들은 모바일 전략과 모바일 앱, 포인트 기반의 로열티 프로그램 등을 마련하며 가능한 한 많은 서비스를 디지털 방식으로 제공했다. 디지털 방식의 고객 참여와 편의 기능은 이제 예외가 아니라 모두가 따라야 할 표준이 되었다.

기술 융합 시대가 열린 지 4년쯤 지나자, 비즈니스 리더들은 마침내 뭔가를 깨달은 듯했다. 이제는 모든 리더가 디지털 전략이 필요하며, 상황에 따라서는 CDO 같은 직책을 만들어야 한다는 사실을 이해하게 된 것이다. 그러나 각자의 조직에서 어떤 기준이나 틀에 따라 DX를 실행에 옮겨야 하는지는 여전히 막막했다. 그렇다고는 해도 일단 DX의 중요성을 깨닫고 나자, '디지털 기술을 어떻게 활용하면 업무를 개선하거나 속도를 높일 수 있을까?' 하는 물음이 직장 내에서 중요한 화두가 되었다.

하지만 생성형 AI가 등장한 오늘날과 마찬가지로 당시에도 가장 까다로운 문제는 이 모든 변화를 고려해 조직에 맞는 전략을 도출하는 것이었다. 앞선 DX 시대에는 핵심 비즈니스 과제와 디지털 기술의 잠재력을 이해하고 양자를 적절히 연결해 큰 그림을 그릴 수 있는 사람이 조직에 필요했다. 이것은 과학적 사고와 예술적 감각, 구조를 설계하는 능력이 필요한 복합적인 문제였다.

스타벅스는 기술 융합 시대에 DX라는 과제를 잘 수행한 대표적인 사례다. 2008년, 세계 금융위기가 한창이던 시기에 하워드 슐츠는 두 번째로 스타벅스의 CEO 자리에 복귀했다. 그는 회사를 대대적으로 혁신하기 위한 전략을 구상했고(당시의 이야기는 그의 저서 『온워드』에 자세히 나와 있다), 그 일환으로 회사가 고객의 경험을 개선하고 경쟁 우위를 확보하기 위해 디지털 혁신을 추진해야 한다고 확신했다.

이에 따라 슐츠와 스타벅스의 경영진은 조직에 CDO라는 생소한 개념과 직책을 도입했다. 이 직책은 전략, 기술, 마케팅은 물론 기존에 없던 새로운 업무 영역까지 책임져야 했다. 회사는 고객들이 일상적으로 스마트폰을 사용하며 점차 디지털 환경에 익숙해지고 있다 판단하고, 디지털팀을 신설해 새로운 과제를 부여했다. 그 과제란 회사가 디지털 혁신을 위해 취해야 할 구체적인 전략을 찾아내고 설계해 조직에 전파하고 실행에 옮기는 것이었다. 그리고 이를 위해서는 디지털팀뿐만 아니라 회사의 여러 부서가 긴밀히 얽혀 힘을 합쳐야 했다. 2026년 기준 전 세계 4만 개 이상의 매장에서 매년 수십억 잔의 커피를 판매하는 회사가 구조적인 변화 없이 겉핥기식으로 디지털 전략을 도입해서는 혁신이 이루어질 리가 없었다. 따라서 CDO라는 직책은 한 명의 책임자나 하나의 팀이기 이전에, 회사가 택한 전략을 상징하는 존재였다.

이처럼 기존의 틀을 벗어난 조직 구조와 전략을 도입하려면 우선 CEO를 포함한 최고경영진의 동의와 지지가 필요했다. 또, 회사는 이전처럼 마케팅, 기술, 전략, 운영 등의 기능을 부서별로 나누는 것이 아니라 새로운 방식으로 융합해야 했다. 디지털팀은 업무 현장에서 얻은 정보와 데이터를 바탕으로 디지털 플랫폼과 도구, 경험이 어떻게 고객과 브랜드의 관계를 강화하고 고객에게 일관된 경험을 제공할 수 있을지를 파악해야 했다. 그리고 이 새로운 구조와 전략을 최적의 형태로 구체화하기 위해서는 실험과 시행착오를 거쳐야 했다.

그 결과 스타벅스의 접근 방식은 실제로 큰 성과를 냈다. 2010년, 스타벅스는 미국 내 모든 직영 매장에서 원클릭 무료 와이파이 서비스를 시작했다. 비슷한 시기에 회사는 자사의 결제 카드(스타벅스 기프트 카드)와 연동된 포인트 기반 로열티 프로그램을 도입했고, 곧이어 결제 카드와 로열티 프로그램을 모두 연결한 iOS 모바일 앱을 출시했다.

2013년, 스타벅스는 세계에서 가장 선도적인 로열티 프로그램과 모바일 결제 시스템을 갖춘 기업이 되었으며, 2014년에는 스타벅스 앱에 로열티 프로그램과 결제 카드에 연동된 모바일 선주문 기능(모바일 주문 및 결제)을 시범 도입했다. 그리하여 2016년 스타벅스는 전 세계 어떤 브랜드보다 성공적인 디지털 생태계를 구축했다고 평가받았다.

현재 미국 내 스타벅스 매장에서 발생하는 모든 결제의 60퍼센트 이상이 이 모바일 생태계를 통해 이뤄지며, 그중 절반 정도가 선주문 거래다. 스타벅스는 현재 전 세계에 7500만 명이 넘는 활성 리워드 회원을 보유하고 있으며, 그 수는 미국 내에서만 3300만 명이 넘는다.

앞으로 기업들은 스타벅스와 비슷한 과정을 거쳐 최고AI책임자'CAO' 같은 직책을 도입할 것이다(뒤에서는 실제로 이러한 직책을 만든 생명공학 기업의 사례를 살펴보겠다). AI 시대는 코앞으로 다가와 있으며, 어쩌면 이미 시작되었을지도 모른다. 기업들은 저마다 다른 길을 걷겠지만, AI 시대가 이전의 디지털 시대만큼 혁명적이라는 점만큼은 분명하다.

우리는 AI 코파일럿과 AI 에이전트가 중심이 되는 미래에 대한 호프먼의 이야기를 들으며 그의 비전에 전적으로 공감했고, 우리가 이전의 DX 시대와 비슷한 상황에 놓여 있음을 깨달았다. 이러한 깨달음은 자연스럽게 다음 질문으로 이어졌다. 기업과 비즈니스 리더들은 어떻게 0에서 1로, 즉 AI를 제대로 이해하지 못한 상태에서 AI를 활용해 변화를 만들어내는 단계로 나아갈 수 있을까? 어떻게 하면 생성형 AI의 잠재력을 이해하고, 이 기술을 핵심 의사결정 과정과 연결할 수 있을까?

호프먼과의 대화를 마치자 우리의 AI 여정과 이 책이 일정한 패턴을 갖추고 있다는 생각이 들었다. 우리는 이 흐름을 계속 이어가고 싶었다. 여러 요인이 맞아떨어진 덕분에 우리는 세계 최고의 AI 리더와 전문가들을 직접 만날 기회를 가졌다. 그들은 AI가 어디로 향하고 있는지, 그리고 이 기술이 비즈니스 리더들의 의사결정 방식과 조직을 구축하는 방식을 어떻게 뒤바꿀지에 대해 깊은 통찰을 제시할 수 있는 사람들이었다.

우리의 여정은 구체적인 형태를 갖춰갔다. 이제 우리는 조직과 리더들이 이 AI를 어떻게 받아들이고 활용할 것인지를 탐구해야 했다. 호프먼이 GPT-4를 처음 접했을 때처럼 그들 역시 저마다 깨달음의 순간을 맞이하게 될까? 어떻게 하면 그들이 새로운 역량을 길러 각자의 방식으로 AI 퍼스트 전환 전략을 실행에 옮길 수 있을까? 이러한 물음이 자연스럽게 우리를 AI 여정의 다음 장으로 이끌었다.

2장

생산성을 재정의하다

1970년대 초, 캘리포니아 팔로알토의 제록스 팔로알토 연구소(이하 PARC) 안쪽에 자리한 작은 사무실에서 젊은 빌 게이츠는 자신도 모르는 사이에 그의 인생은 물론 현대 문명의 궤적까지 바꿔놓을 깨달음을 얻었다. 겉보기에 화려하지는 않아도 실리콘밸리에서 중요한 혁신을 만들어내던 그곳에는 제록스 알토Xerox Alto(이하 알토)가 있었다. 1970년대에 나온 대형 워크스테이션 알토는 흔히 세계 최초의 개인용 컴퓨터로 평가받으며, 그래픽 사용자 인터페이스GUI, 마우스, 이더넷 네트워킹, 여러 애플리케이션을 동시에 실행하는 기능을 갖추고 있었다. 또, 알토는 화면에 보이는 그대로 출력물이 나오는(위지위그) 텍스트 편집기를 최초로 사용한 컴퓨터였다. 알토는 상업적으로 성공하지 못했지만, 이후 컴퓨터 시스템의 발전에 지대한 영향을 끼쳤다. 젊은 게이츠에게 그것은 단순한 컴퓨터가 아니라, 미래의 컴퓨터가 나아갈 모습을 보여주는 창이었다. 요컨대, 알토는 머지않아 일어날 혁명을 상징했다.

그로부터 수십 년 뒤, 우리는 이 책을 쓰면서 게이츠를 만나 이야기를 나눴다. 1970년대 PARC를 방문했을 때와 달리 우리가 만난 게이츠는 머리가 희끗희끗했으며, 역사상 가장 뛰어난 업적과 경력을 쌓은 기술자이자 사업가가 되어 있었다. 그는 컴퓨터의 미래에 대한 자신의 비전을 현실로 만들었고, 그가 세운 마이크로소프트는 기술 산업뿐 아니라 모든 산업을 통틀어 세계적으로 가치 있고 신뢰받는 기업 중 하나가 되었다. 또한 게이츠재단은 질병 퇴치, 기후 변화 방지, 전 세계 교육 증진 등을 위해 500억 달러 이상을 기부해왔다.

그럼에도 우리가 인터뷰한 게이츠는 젊은 시절의 에너지와 호기심, 지성, 언변을 그대로 유지하고 있는 듯했다.

PARC를 찾아간 날을 떠올리자, 그의 눈은 다시금 열정과 설렘으로 반짝였다. 그는 얼마 전 샘 올트먼이 챗GPT를 보여주었을 때도 그때와 같은 감정을 느꼈다고 했다. "챗GPT는 AP 생물학 시험을 척척 풀면서 해설까지 덧붙이며 관련 개념을 완벽히 이해하는 모습을 보여주더군요. 알토를 처음 봤을 때처럼 새로운 세계가 열리는 순간을 마주한 느낌이었습니다."[1] 그는 알토의 그래픽 인터페이스를 떠올리며 말했다. 당시의 컴퓨터는 난해한 명령어 입력 방식이 주로 쓰였지만, 알토의 인터페이스는 그와 전혀 달랐다. 마우스로 가리키고 클릭하는 직관적인 GUI를 탑재한 알토는 기계가 아닌 사용자의 언어로 소통했다. 이는 인간의 자연스러운 말투로 대화하고, 배우고, 농담까지 던지는 오늘날의 AI와 놀랍도록 유사하다. "당시에는 직관적으로 사용할 수 있는 개인용 컴퓨터를 만드는 게 관건이었어요. AI는 컴퓨터를 훨씬 통찰력 있고 유연한 존재로 만들 겁니다. 어쩌면 언젠가는 진정한 의미의 지능까지 갖추게 될지도 모르죠."

　　게이츠는 알토를 처음 본 순간을 회상하며 그때의 경험이 어떻게 마이크로소프트를 컴퓨터 산업의 선두 주자로 이끈 비전으로 이어졌는지 이야기했다(모든 사람의 책상에 컴퓨터를 한 대씩 두겠다는 목표와 윈도우, 오피스 등의 제품을 개발하는 계획도 그중 일부였다). 게이츠가 마이크로소프트에서 자신의 비전을 실현하기까지는 10년이 넘는 시간이 걸렸지만, 그는 결국 이를 현실로 만들며 누구도 넘어서기 힘든 성취를 이뤘다. 그러나 게이츠는 50여 년 전 알토를 처음 봤을 때보다 챗GPT의 마법 같은 능력을 목격한 것이 더 중요하고 고무적인 순간이었을지도 모른다고 말했다. 이러한 가능성을 곱씹으며 생각에 잠긴 게이츠의 모습에서는 지난날에 대한 그리움과 미래에 대한 기대가 동시에 느껴졌다. 알토를 처음 봤을 때보다 AI와 마주한 것이 더 중요한 순간인지도 모른다는 말이 사실이라면, 우리는 지금 얼마나 거대한 변화의 파도 앞에 서 있는 것일까?

　　우리는 AI가 사람들의 일상에, 더 구체적으로는 브랜드와 마케터에게 어떤 영향을 끼칠지 다시 한번 묻지 않을 수 없었다. 알토를 처음 봤을 때보다 챗GPT를 접한 순간에 어떤 미래가 펼쳐질지 더 강하게 예감했다는 게이츠의 말은 앞서 올트먼이 한 이야기와도 맞닿아 있다. 올트먼은 앞으로 5~10년 안에 마케팅과 크리에이티브 분야에서는 누구나 AGI에 가까운 도구를 쓸 수 있게 되면서 일의 95퍼센트가 속도와 비용, 역량 측면에서 큰 변화를 겪으리라 전망했다. 게이츠가 알토를 처음 본 일을 떠올리며 챗GPT와 연결 지어 이야기한 것은 우리의 여정에서 잊지 못할 또 하나의 '전율의 순간'이었다.

⊙

우리는 샘 올트먼, 리드 호프먼과 나눈 대화를 게이츠에게 들려주며 두 사람이 AGI, 기업용 코파일럿, AI 에이전트를 어떻게 생각하는지 설명했다. 그런 다음 앞으로 몇 년간 AI가 기업의 업무에 어떤 영향을 미칠 것이라고 보는지 물었다. "코딩, 영업, 고객 지원, 데이터 분석 같은 분야는 특히 대기업에서 매우 중요한 직무 영역이죠." 게이츠가 운을 떼었다. "이 분야들에서는 코파일럿 기능이 생산성을 크게 높일 겁니다. 마이크로소프트는 이미 고객 지원 업무에서 효과를 보고 있습니다. 사내 프로그래머들도 그렇고, 데이터 분석 업무에서도 마찬가지고요. 물론 사내에서는 아직 공개하지 않은 초기 버전을 먼저 사용할 수 있기는 하지만, 이런 기술들은 굉장히 빠르게 발전하고 있어요." 오픈AI가 챗GPT를 공개한 지 1년여 만에 마이크로소프트는 다양한 코파일럿 기능을 통해 챗GPT가 가진 많은 역량을 자사의 제품군에 결합했고, 몇몇 업무 영역에서는 이러한 도구들을 일상적으로 활용하면서 짧은 시간에 깜짝 놀랄 만큼 생산성이 향상되기도 했다. 실제로 게이츠는 최근 올트먼과 함께 출연한 팟캐스트에서 소프트웨어 개발자들이 코드 작성에 코파일럿 기능을 사용하면서 생산성이 300퍼센트까지 높아졌다고 말했다.

우리는 AI의 잠재력이라는 큰 주제를 놓고 게이츠와 대화를 이어가던 중 AI에 관한 근본적인 물음에 초점을 맞췄다. AI 시대에 생산성이란 무엇을 의미할까? AI가 가져올 생산성의 변화는 브랜드와 마케팅에 어떤 영향을 미칠까? 단순히 비용을 줄이는 데 그칠까, 아니면 실제로 창작 업무의 질과 성과까지 끌어올릴까? 게이츠는 AI가 두 가지 일을 모두 해낼 수 있다고 보았다. "생산성은 시간당 산출량만을 재는 척도가 아닙니다. 생산성을 높인다는 건 질적으로 더 뛰어나고 창의적인 결과물을 낸다는 뜻이기도 해요."

　　게이츠가 몸을 앞으로 기울이며 눈을 반짝이더니 평소 습관대로 생산성을 일종의 수학 공식처럼 풀어서 설명하기 시작했다. "생산성이란 본래 양과 질, 효율이라는 세 가지 변수의 함수입니다. 생산성을 높인다는 건 더 많거나 더 나은 결과물을 내거나, 더 적은 자원으로 같은 결과물을 낸다는 말이죠." 그는 디지털 시대에 컴퓨터의 등장으로 큰 변화를 겪은 신문 산업을 예로 들며 설명을 이어갔다. "디지털 조판 기술이 등장하기 전까지 신문 지면을 만드는 일은 고된 수작업이었습니다. 그런데 컴퓨터는 이 과정을 쉽고 빠르게 만들었을 뿐만 아니라 콘텐츠의 질까지 끌어올렸어요. 기자들이 기사를 쓰는 데 집중할 시간이 생기고, 지면이 더 매력적인 형태로 구성되면서 신문의 품질이 크게 높아졌죠. 이게 바로 생산성의 진짜 의미입니다." 컴퓨터를 쓰기 시작한 뒤에도 신문사들은 하루 한 번 종이 신문을 발행했지만, 동시에 디지털 뉴스를 언제든 실시간으로 올릴 수 있게 되었다. 신문 산업에서 생산성의 증대는 더 질 높은 보도와 매체 자체의 혁신으로 나타난 셈이다.

　　여기서는 게이츠가 말하고자 했던 생산성과 질의 관계를 더 자세히 살펴볼 필요가 있다. 생산성이 높아지면 같은 시간에 더 많은 것을 만들거나, 같은 양을 더 짧은 시간에 만들 수 있다는 사실은 누구나 안다. 다시 말해 생산성이 높아진다는 것은 더 많이 혹은 더 빨리 만들거나 같은 양을 만들더라도 자원을 적게 쓴다는 뜻이다. 여기까지는 자명하다. 그렇다면 생산성이 높아졌는데도 더 많이 만들거나 더 빨리 만들 필요가 없을 때는 어떻게 될까? 이런 상황에서는 자원을 최적화하거나 재배치해 결과물의 질을 높일 수 있다. 어떤 일을 더 빨리 마치거나 더 적은 자원을 들여 끝낼 수 있다면, 남는 시간과 자원을 결과물의 질을 높이는 데 투입할 수 있게 된다. 이런 의미에서 AI는 생산성을 높일 뿐 아니라 지식 노동자들이 더 나은 결과물을 내도록 돕는 도구가 될 수 있다. 앞서 설명한 논리대로라면 AI는 조사나 연구를 하고 판단을 내리고 통찰을 얻는 과정에서 깊이를 더해줄 것이기 때문이다.

　그렇다면 이러한 변화는 브랜드와 마케터들에게 어떤 영향을 끼칠까? 포럼3는 기업의 마케팅 부서가 AI 퍼스트 전략을 도입해 생산성을 크게 높이도록 지원한다. 마케팅 영역에 이 전략을 적용하면 생산성을 높일 뿐 아니라 비용 효율성과 창작 업무의 유연성을 전례 없는 수준으로 개선할 수 있다. 마케터들이 AI를 우선 활용할 만한 주요 분야는 콘텐츠 제작이다. LLM은 흥미로운 블로그 글과 제목, 전체적인 콘텐츠 전략을 만드는 데 탁월한 능력을 발휘하며 콘텐츠 제작에서 토대 역할을 할 수 있다. 이러한 AI 모델들은 콘텐츠 제작 일정을 짜고, 글감을 떠올리고, 기획에서 실행에 이르는 과정을 매끄럽게 연결하며, 마케터가 콘텐츠를 직접 만들기보다 콘텐츠 전략을 다듬는 데 집중하도록 돕는다. 마케팅 업무의 효율을 높이는 데 특화된 AI 도구로는 재스퍼Jasper, 카피Copy.ai, 캔바Canva 등이 있으며, 이 도구들은 마케팅 분야에서 혁신을 이끌고 있다.

　AI는 디지털 콘텐츠를 넘어 전통적인 마케팅 매체에도 혁신을 가져오고 있다. 예를 들어 사진 촬영의 경우, AI를 활용해 배경을 생성하면 로케이션에 큰 비용을 들이지 않고도 호화로운 촬영 환경을 연출할 수 있다. 이런 식으로 AI를 활용하면 비용을 절감할 뿐 아니라 다양한 형태의 콘텐츠를 효율적으로 제작할 수 있다.

AI의 영향력이 두드러지는 또 하나의 분야는 빠르게 성장하고 있는 영상 마케팅이다. 비드^{Veed.io}와 레미니^{Remini.ai} 같은 기업들은 이 분야에서 흥미로운 시도를 이어가고 있으며, 위스티아^{Wistia}처럼 자동 자막 생성, AI를 이용한 하이라이트 제작 등 다양한 기능을 갖춘 도구를 도입한 플랫폼도 등장하고 있다. 이제 마케터들은 이러한 도구를 활용해 더 흡인력 있는 맞춤형 콘텐츠를 훨씬 빠르게 제작할 수 있다. AI를 활용해 사용자의 취향에 맞는 재생목록을 제안하는 스포티파이, 영상 마케팅용 AI 도구를 제공하는 위스티아의 사례는 AI가 사용자의 참여도를 높이고 콘텐츠 전략을 효율화하는 데 실질적인 효과를 얼마나 발휘하는지 잘 보여준다.

브랜드 운영과 고객 경험 측면에서 AI의 힘을 보여주는 사례는 이 밖에도 많다. 전자상거래 분야에서는 쇼피파이^{Shopify}가 쇼피파이매직 같은 AI 기능을 도입해 온라인 스토어 운영자가 마케팅부터 고객 지원까지 다양한 업무를 간편하게 처리하도록 지원한다. 이는 AI가 고객의 경험과 운영의 효율성을 얼마나 획기적으로 개선할 수 있는지를 보여주는 사례다. 또, 외국어 학습 플랫폼 듀오링고^{Duolingo}는 듀오링고맥스라는 AI 기반 학습 서비스를 통해 학습자의 수준에 맞춘 경험을 제공하면서 맞춤형 교육에서 AI의 역할을 잘 보여준다.

AI 기반 마케팅이 보편화된 오늘날, 이 기술로 소비자와 더 많이 개인화된 소통을 하는 브랜드는 더 높은 효율성과 창의성을 달성할 것이다. 나아가 이들은 고객 참여와 브랜드 충성도 면에서 새로운 기준이 될 것이다.

AI는 업무의 효율을 높여 결과물의 질을 한 단계 끌어올리고 전례 없던 창의적인 작업을 가능하게 하지만, 그와 동시에 더 놀라운 효과를 가져올 수 있다. 게이츠는 이 점을 설명하기 위해 의료 분야를 예로 들었다. "의료 분야에서 AI가 하는 역할은 생산성을 측정하는 기존의 지표로는 평가할 수 없습니다. AI의 역할은 단순히 환자를 더 빨리 진단하는 데 그치지 않아요. AI는 인간이 이전에는 포착할 수 없었던 중요한 발견을 해내고 있고, 의료 영상에서 경험 많은 의사도 놓치기 쉬운 미세한 징후까지 포착합니다." 이러한 인식은 생산성의 향상이 곧 품질의 향상으로 이어진다는 통찰처럼 처음에는 잘 와닿지 않지만, 그 의미를 이해하고 나면 굉장히 흥미롭게 다가온다. AI가 인간의 능력으로는 파악하기 어려운 패턴이나 중요한 단서를 찾아내고 결론까지 이끌어낼 수 있다면 어떻게 될까? 이 또한 생산성 향상의 한 형태이기는 하지만, 더 정확히 말하면 이전까지는 정해진 시간과 자원으로 도저히 해낼 수 없었던 일을 가능하게 만든다는 점에서 일종의 '잠금 해제' 장치에 비유할 수 있다. 이 같은 효과는 앞에서 말한 질적 향상과는 차이가 있다. 가능한 일과 불가능한 일의 범위 자체를 바꾸는 변화이기 때문이다.

이러한 통찰을 마케팅 분야에 적용하면, 이제 마케터들이 AI를 활용해 인간이 보지 못하거나 놓치기 쉬운 고객 집단을 찾아낼 수 있다는 뜻이 된다. 또, AI는 어떤 마케팅 채널에 어느 정도의 비중을 둘지를 결정하고 고객에게 전달할 핵심 가치를 개발하는 데에도 도움을 줄 것이다. 게이츠는 이렇게 말했다. "이제는 눈 감고 찍듯이 감으로 마케팅하는 시대가 아닙니다. AI 덕분에 마케터들은 소비자 개개인에게 더 깊은 울림을 주는 캠페인을 설계할 수 있게 됐죠. AI는 방대한 데이터를 분석함으로써 소비자의 행동을 이해하고, 트렌드를 예측하고, 고객의 마음에 와닿는 메시지를 만들도록 도움을 줄 겁니다."

마케팅 분야에서 AI 퍼스트로의 전환을 이끄는 대표적인 기업으로는 어도비^{Adobe}와 메일침프^{Mailchimp}를 꼽을 수 있다. 어도비는 특히 센세이 젠AI와 파이어플라이 같은 도구를 통해 이러한 변화를 선도하며 AI가 창작 업무에 끼치는 영향을 잘 보여준다. 이 도구들은 사용자가 간단한 텍스트 프롬프트만 입력하면 이미지와 텍스트 효과, 색상 팔레트까지 자동으로 생성함으로써 창작 과정 자체를 뒤바꾸고 있다. 또, 메일침프는 AI의 예측을 바탕으로 고객을 세분화하는 기능과 이메일 콘텐츠를 생성하는 기능을 자사 서비스에 도입해 더 효과적이고 개인화된 이메일 마케팅 전략을 세우도록 지원하면서, AI가 이러한 전략을 얼마나 정교하게 다듬을 수 있는지를 입증하고 있다. 앞으로는 어도비와 메일침프 외에도 수많은 기업이 생성형 AI를 활용해 마케팅 방식에 혁신을 가져올 것이다.

우리가 게이츠와 대화를 나누던 무렵, 공교롭게도 하버드 비즈니스 스쿨과 보스턴 컨설팅 그룹(이하 BCG)은 와튼스쿨의 이선 몰릭$^{Ethan Mollick}$ 교수의 도움을 받아 AI 시대의 생산성을 다룬 흥미로운 연구를 발표했다.[2] 생성형 AI가 비즈니스에 미치는 영향을 종합적으로 분석한 이 연구는 AI가 지식 집약적 분야에서 조직의 기능과 프로세스를 어떻게 재편하는지를 보여준다. 이 연구는 특히 주목할 만한 통찰을 담고 있다. AI는 기업이 내리는 의사결정을 서서히 개선하기보다 그 속도와 질을 획기적으로 끌어올려 근본적인 변화를 가져오리라는 것이다.

연구진이 BCG와 함께 진행한 실험은 참가자들의 인구통계학적 정보를 파악한 다음, 과제를 수행하게 하고 인터뷰하는 방식으로 이뤄졌다. 연구진은 두 가지 유형의 과제를 실험했는데, 하나는 AI가 잘 수행할 수 있는 업무였고, 다른 하나는 AI의 능력 밖에 있는 업무였다. 실험 결과, AI를 활용할 수 있는 과제에서 생산성과 결과물의 질이 눈에 띄게 향상되었다.

연구자들은 기업이 생성형 AI 도구를 도입하면 업무 전반의 생산성이 25퍼센트까지 향상되며, 결과물의 질은 무려 40퍼센트까지 개선될 수 있다고 보았다(그림 2-1 참고). 이는 AI를 활용하면 결과물의 양과 질을 동시에 끌어올려 적은 자원으로도 더 많은 업무를 더 잘 해낼 수 있다는 게이츠의 생각과 맞아떨어진다. 이 연구는 AI가 단순히 업무의 속도를 높이는 수준을 넘어 여러 산업 분야에서 업무 관행과 성과를 획기적으로 개선하고 재정의할 만큼 엄청난 영향을 미칠 수 있음을 강조한다. 이 연구 결과가 특히 인상적이었던 이유는 AI 코파일럿을 활용하면 기업의 모든 활동이 10배 이상 개선될 것이라는 리드 호프먼의 대담한 전망과 빌 게이츠가 제시한 여러 예측이, 엄격히 통제된 실험 환경에서도 유효하다는 것을 확인할 수 있었기 때문이다.

이는 어마어마한 변화이며 단순하게 생각할 문제가 아니다. 이 연구는 AI의 능력이 빠르게 발전하고 있지만, 그 능력이 모든 지식 노동 분야에 골고루 적용되는 것은 아니라는 복잡한 현실을 드러낸다. 논문의 저자들은 이러한 현실을 "들쭉날쭉한 기술적 경계jagged technological

그림 2-1

들쭉날쭉한 기술적 경계를 헤쳐나가다:
AI가 지식 노동자의 생산성과 결과물의 질에 미치는 영향을 보여주는 현장 실험 증거

**의사결정 과정에 AI를 통합하는 것은 새로운 디지털 전환이며,
결과물의 질은 40퍼센트 향상되고, 속도는 25퍼센트 더 빨라진다.**

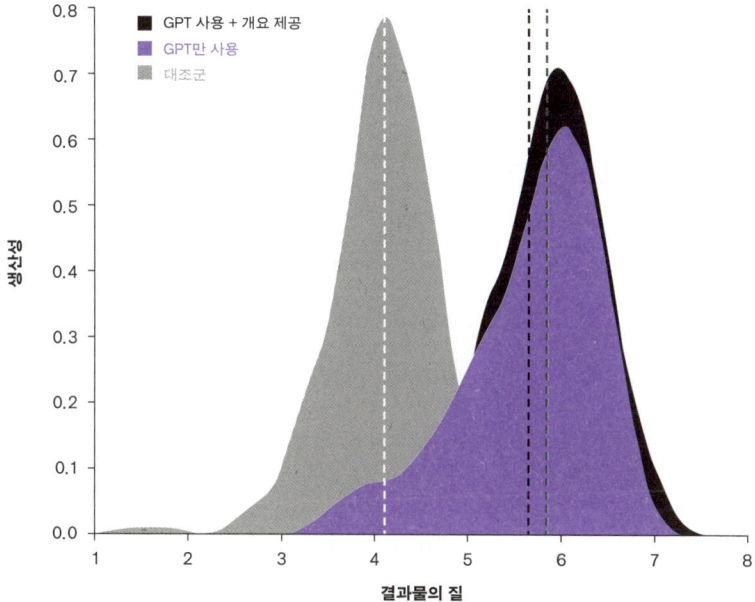

출처: F. Dell'Acqua et al., "Navigating the Jagged Technological Frontier: Field Experimental Evidence of the Effects of AI on Knowledge Worker Productivity and Quality," *Harvard Business School Working Paper*, no. 24-013, 2023.

frontier"라고 표현하는데, 이는 AI가 자신의 능력이 닿는 영역에서는 인간의 노동을 크게 개선하거나 대체할 수 있지만, 그 능력을 벗어난 영역에서는 한계와 어려움이 있다는 말이다. 다시 말해, 이 연구는 AI가 기업의 생산성을 양적으로나 질적으로 끌어올리는 것은 분명하지만, 모든 의사결정과 활동, 전문 분야에 똑같이 효과가 있지는 않다는 점을 보여준다. 따라서 비즈니스 리더들은 일정 수준의 AI 리터러시를

갖춰 AI가 어떤 영역에서는 훌륭한 코파일럿이 될 수 있고, 또 어떤 영역에서는 투자 대비 효과가 떨어지는지를 파악해야 한다.

GPT-4 같은 고도화된 모델의 등장으로 AI 기술이 빠르게 발전하면서, AI의 능력이 어디까지이며 그 능력은 어떤 영역에서 가장 효과적인지를 파악하기가 점점 어려워지고 있다. 기술이 이처럼 빠르게 발전하다 보면 분명 그만큼 위험도 따르기에, AI를 업무에 적용하는 분야에서는 AI의 강점과 약점을 정확히 이해하고 그에 맞는 방식으로 활용하는 것이 매우 중요하다.

이 연구에서는 또 한 가지 중요한 문제를 지적한다. 예전에는 AI가 주로 저숙련 직종의 업무를 자동화했다면 지금은 고숙련 전문 직종에까지 영향을 미친다는 점이다. 이제 LLM은 창의력·분석적 사고·고급 글쓰기 능력을 요구하는 과업까지 재편하고 있으며, AI의 영향력은 높은 수준의 전문성이 필요한 영역에도 깊이 스며들고 있다.

한편 논문의 말미에서 저자들은 더 나은 의사결정을 위해 AI와 협업하는 방식을 크게 두 가지로 나누고 이를 각각 켄타우로스 방식과 사이보그 방식이라 칭한다. 먼저 켄타우로스 방식은 인간과 AI가 각자의 역할을 명확히 나누되, 공통의 목표를 위해 힘을 합치는 전략적 분업을 지향한다. 한편 사이보그 방식은 인간과 AI가 한 몸처럼 결합해 AI가 실시간으로 인간의 작업을 보완함으로써 업무를 더 빠르고 효과적으로 처리하는 방식을 말한다.

연구에서 또 하나 눈길을 끄는 발견은 경력이 적은 노동자일수록 AI의 도움을 받을 때 더 큰 효과를 얻을 수 있다는 점이다. 이는 AI가 조직 내의 역량 격차를 해소하는 도구로도 쓰일 수 있음을 시사한다. 연구는 앞으로 3~5년 동안 업무 현장에서는 AI의 도입으로 중대한 전환이 일어나리라 전망하며, 비즈니스 리더들이 AI를 인간을 대체하는 도구가 아니라, AI가 강점을 가진 분야에서 인간의 능력을 확장하는 강력한 도구로 새롭게 바라봐야 한다고 강조한다. 그리고 이렇게 AI를 보는 관점이 달라지면 기업은 인력 운영 전략을 새롭게 짜야 하며, 기업의 구성원들은 AI가 빠르게 발전하는 환경에 맞춰 끊임없이 배우고 적응하려는 자세를 갖춰야 할 것이다.

⟳

우리는 빌 게이츠와의 대화와 위의 연구를 함께 살펴보면서 현재 기업들이 가진 AI 역량과 지식에 얼마나 큰 격차가 있는지를 분명히 인식했다. 이러한 현실은 장차 모든 기업에 위기이자 기회가 될 수밖에 없다. AI 역량에 투자하고 인력을 재교육하는 기업은 AI를 활용해 혁신을 이루고 효율을 높이면서 경쟁사를 단숨에 앞지를 수 있겠지만, 그러지 않는 기업은 순식간에 뒤처져 경쟁에서 밀려날 것이기 때문이다.

"AI 도입을 미루는 기업은 경쟁에 뒤처지는 데서 그치지 않고 아예 시장에서 도태돼 사라질 겁니다." 게이츠의 경고다. 하버드 비즈니스 스쿨과 BCG의 연구 또한 AI를 일찍 도입한 기업은 운영 효율이 높아질 뿐만 아니라 고객 경험과 마케팅 전략을 혁신하는 데서도 우위를 점할 가능성이 크다는 사실을 입증함으로써 이러한 견해를 뒷받침한다.

이 시점에서 우리는 포럼3의 사명을 다시 검토할 필요가 있다는 생각이 들었다. 이제는 제품 개발에 AI를 적극적으로 활용하는 수준을 넘어서서 비즈니스 리더들이 AI가 가져올 생산성 향상을 제대로 활용하도록 돕는다는, 더 큰 사명에 집중해야 할 때로 보였다. 우리는 이 문제로 논의를 이어가며 앞으로의 방향성을 다시 잡아갔다. "우리는 기업들이 현재의 비즈니스 환경에서 AI 퍼스트 시대로 건너가도록 돕는 다리가 되어야 해요. 어떻게 하면 비즈니스 리더들이 AI에 능숙해지도록 도울 수 있을까요? 그들이 AI를 받아들이고 최대한 활용해서 핵심 업무의 전반적인 수준을 끌어올리고, 새로운 성장 방식을 찾아 경쟁 우위를 갖추도록 하려면 어떻게 해야 할까요?" 애덤이 앤디에게 물었다.

우리는 기업이 AI를 도입할 때는 전략적이면서도 조직 전체를 아우르는 시각에서 접근해야 한다고 믿는다. "이건 단순히 새로운 도구를 받아들이는 수준의 문제가 아니에요. 기업이 마주하는 문제와 기회를 바라보는 방식을 처음부터 다시 생각해야 한다는 뜻이죠." 앤디가 답했다.

이제 우리는 비즈니스 리더와 마케터들이 AI에 더 능숙해지고 AI 중심의 사고방식을 갖게 하는 방법에 주목했다. 다음으로 해야 할 일은 업무 현장으로 찾아가 비즈니스 리더들의 목소리를 직접 듣는 것이었다. 그래서 한 달 동안 우리는 기업가, 마케터, CEO, 영업 담당자 등 여러 유형의 리더 100여 명을 만났다. 우리는 먼저 링크드인에 글을 올려 이 책을 쓰는 과정에서 배운 것들을 공유하고, 비즈니스 리더들이 생성형 AI를 얼마나 알고 어떻게 활용하며 어떤 관점에서 바라보고 있는지 듣고 싶다고 밝혔다. 그런 다음에는 같은 주제를 다룬 연구들을 찾아 검토했다.

그중에서도 2023년 12월에 나온 연구 두 건이 특히 눈에 띄었다. 딜로이트 AI 연구소가 C레벨 임원 2800명을 인터뷰한 첫 번째 연구에서는 조사 대상자 중 20퍼센트만이 자신의 조직이 AI 관련 역량을 충분히 갖추었다고 생각하는 것으로 나타났다.[3] 연구에 따르면, 조사 대상자의 대다수는 자신의 조직이 AI를 비용 절감 수단으로만 여기며, AI가 새로운 성장 기회를 찾는 데 어떻게 도움을 주는지는 충분히 고민하지 못하고 있다고 답했다.

두 번째 연구는 BCG가 C레벨 임원 1400명을 대상으로 진행한 것이다.[4] 이 연구에서 조사 대상자의 90퍼센트는 생성형 AI가 지금보다 더 발전하기를 '기다리고' 있으며, 현재는 일부 영역에서 AI를 실험해보는 수준이라고 답했다. BCG는 이 90퍼센트를 '관망자'로 칭했다. 조사 결과 관망자들은 대부분 자신의 조직에서 생성형 AI를 활용하는 방식에 확신이 없거나 만족하지 못하는 것으로 나타났다.

우리가 조사하면서 대화한 비즈니스 리더들도 대체로 비슷했지만, 우리는 이 문제를 더 깊이 들여다볼 수 있었다. 우리가 만난 비즈니스 리더의 80퍼센트는 챗GPT를 정기적으로 사용하지 않거나, 사용하더라도 무료 버전만 쓰고 있었다. 그리고 생성형 AI를 사용하는 사람들조차도 이메일이나 직무 기술서를 작성하는 정도로만 드문드문 활용하고 있었다. 자신이 생성형 AI에 '저숙련' 상태라고 답한 이 그룹은 공통된 패턴을 보였다. 그들은 생성형 AI가 자신들의 비즈니스에 훨씬 많은 도움을 줄 수 있으리라 막연하게 생각하고는 있지만, 그 잠재력을 제대로 활용하는 방법은 알지 못했다.

그들은 생성형 AI를 가끔 효율적으로 문서를 작성하는 용도로만 사용했고, 업무 과정에 생성형 AI를 더 잘 녹여내는 법을 배우고 싶어 했지만 어디서부터 시작해야 할지를 몰랐다. 요컨대 이 그룹에 속한 사람들은 정확히 뭘 모르고 있는지도 모르지만, 자신이 무지하다는 사실만큼은 아는 상태였다. 아예 아무것도 모르는 것보다는 낫기는 해도 다음에 무엇을 해야 할지 몰라 막막하고 무기력해지기 쉬운 상태다. 게다가 그들은 팟캐스트나 유튜브, X(구 트위터), 관련 서적을 뒤지며 생성형 AI를 공부하는 데 오랜 시간을 들일 의지도, 그럴 만한 여유도 없었다.

우리는 비즈니스 리더들이 이러한 격차를 메우도록 도울 가장 좋은 방법이 무엇인지를 놓고 논의했다. 이는 일종의 DX에 해당한다는 점에서 어느 정도는 우리에게 익숙한 영역이었다. 앤디는 실제로 이러한 전환 과정을 지원하는 조직과 회사를 세워 스타트업이나 마이크로소프트 같은 거대 기업을 도운 경험이 있었다. 그리고 애덤은 스타벅스 같은 유명 브랜드의 구성원으로서나 다른 기업들의 이사로서 DX를 이끄는 데 참여해왔다. 그러나 이번에는 뭔가 달랐다. AI 기술은 너무나 강력하면서도 범용적이어서 이전까지 조직과 리더들이 신기술을 받아들이고 활용하도록 도우면서 쌓아온 경험을 그대로 적용할 수 없었다. 웹, 소셜미디어, 모바일 앱, 클라우드 컴퓨팅 등 이전 기술 융합 시대의 기술들과 달리, AI 기술을 활용하면 손가락 하나로 즉시 전문가에게 도움을 받는 것과 같은 효과를 얻을 수 있기 때문이다. 그렇다면 우리는 이 기술을 대체 어떻게 다루어야 할까? AI는 하나의 도구일까, 아니면 의사결정에 참여하는 새로운 구성원일까, 아니면 우리가 도입해야 할 새로운 업무 프로세스일까? 그것도 아니면 이 모든 역할을 동시에 해내는 존재일까?

더 놀라운 점은 이 기술이 겉보기에는 소름이 끼칠 정도로 단순한 형태를 띠고 있다는 것이다. 챗GPT 같은 AI 도구를 실행하면

빈 입력창 하나와 깜빡이는 커서 하나가 "오늘은 무엇을 도와드릴까요?"라고 묻듯이 사용자를 바라볼 뿐이다. 형태는 단순한데 할 수 있는 일은 너무 많아서 그 입력창을 보면 막상 어디에 써야 할지 막막해진다. 그러다 보니 사람들은 구글이나 빙의 검색창처럼 단순한 UI를 보며 똑같이 검색 용도로 사용하곤 한다. 그러나 이러한 사용법은 연구 조교나 대필 작가, 컨설턴트를 고용해놓고서 바깥 날씨가 어떠냐고 묻는 것이나 다름없다. 물론 AI는 단순한 검색도 할 수 있지만, 그런 식으로 사용해서는 AI가 가진 진짜 능력을 전혀 활용하지 못하는 셈이다. 아이러니하게도 인간이 만든 가장 강력한 소프트웨어가 설명서 하나 없이 우리 앞에 나타난 것이다.

챗GPT 같은 파운데이션 LLM의 인터페이스는 굳이 설명서가 필요 없어 보였다. 질문이나 요청을 입력하면 LLM이 자연어로 된 프롬프트를 이해하고 답을 해주니 이보다 더 간단할 수 없었다. 그러나 한편으로 LLM에는 훨씬 풍부하고 유용한 답변을 끌어낼 수 있게 해주는 프롬프트 기술이 존재했다. 게다가 애초에 LLM이 어떤 종류의 조언과 분석을 할 수 있는지를 모르면 LLM을 제대로 활용할 수도 없었다. 가령 사용자가 문서를 올리면 LLM이 교정하고 편집해줄 수 있다는 사실은 많은 사람이 안다. 하지만 스프레드시트나 파워포인트는 물론 숫자 몇 개와 그래프가 들어간 PDF 파일만 올려도 LLM이 읽고 분석하고 시각화하고 해석한 다음 무엇을 해야 할지 제안해준다는 것까지 아는 사람은 얼마나 될까? 하나의 프롬프트만으로 텍스트를 읽고 필요하면 웹을 검색해 내용 분석까지 요청할 수 있다는 사실은? 심지어는 요약된 데이터만 보고도 전략을 짜거나 구체적인 행동 방향을 제시해줄 수 있다는 사실은 또 얼마나 많은 사람이 알까?

물론 이런 세부 기능은 크게 중요하지 않을 때도 많다. 하지만 때로는 이런 기능을 아느냐 모르느냐가, 기술을 제대로 활용하느냐 아니면 기회를 완전히 놓쳐버리느냐를 가르는 결정적인 차이가 되기도 한다.

이렇게 해서 우리는 이 여정이 어디쯤 이르렀고 어디로 나아가야 하는지를 가늠할 수 있었다. 우리는 비즈니스 리더들이 AI를 능숙하게 다루도록 돕는 방법 가운데서도 가장 효과가 크고 차별화되며 널리 적용할 수 있는 방법을 찾고자 한다. 그래야 그들이 자신의 조직과 비즈니스에 새로운 기술을 최적화해서 활용할 수 있을 테니 말이다. 이 책과 독자 커뮤니티, 그에 딸린 여러 콘텐츠는 물론, 포럼3가 만드는 소프트웨어도 그 해법의 일부가 될 것이다. 과연 우리는 이처럼 강력한 AI 시스템에 연결하거나 덧입힐 수 있는 방법론과 소프트웨어 시스템을 개발할 수 있을까? 그렇게 해서 지금은 관망자에 머물러 있는 80~90퍼센트의 비즈니스 리더들이 AI 시대를 이끄는 리더로 도약하도록 도울 수 있을까? 그렇다면 우리가 찾을 해법은 구체적으로 어떤 모습일까? 이제부터는 이러한 물음에 답해보려 한다.

3장

AX 대전환의 변곡점

빌 게이츠와 만난 지 얼마 지나지 않아, 우리는 마이크로소프트의 수석 과학자이자 테크니컬 펠로(마이크로소프트의 기술 부문 최고위 직위)인 제이미 티번Jaime Teevan과 이야기를 나눴다. 이번 만남 또한 우리의 논의를 확장해나가는 과정의 일부였다. 우리는 생성형 AI 기업의 CEO와 창업자들에게서 배움을 얻는 데 그치지 않고, 여러 기업의 임원과 업계의 방향성을 제시하는 전문가, 마케팅 리더들을 만나 그들이 AI를 받아들이고 활용해온 과정과 견줘보며 우리의 여정을 점검했다. AI 업계의 선구자와 리더들에게서 직접 이야기를 듣는 것도 큰 도움이 되지만, 이 기술이 실제 제품과 서비스에서 어떻게 구현되고 있는지, 현장의 리더들이 이를 어떻게 이해하고 활용하는지를 파악하는 것 역시 그만큼 중요하기 때문이다.

쉽게 이해하거나 사용할 수 없는 기술은 큰 영향을 미치기 어렵다. 게다가 사용자의 역량을 강화하는 기술이 널리 받아들여지지 않으면 시장에서 경쟁하는 브랜드들 사이에 격차가 커질 수 있다. 브랜드를 구축하는 사람이라면 누구나 이러한 역학을 이해하고 싶어 할 것이기에 우리는 이 문제를 파고들기로 했다.

티번을 만날 때는 인터뷰 방향을 구체적으로 정해두지 않았다. 우리는 마이크로소프트에 수석 과학자라는 직책이 있다는 것도, 그 자리가 어떤 역할을 하는지도 몰랐다. 우리가 아는 것은 티번이 생성형 AI를 마이크로소프트의 제품에 적용하는 일을 하고 있다는 사실뿐이었다. 하지만 빌 게이츠처럼 거시적 관점에서 큰 그림을 그리는 인물을 만난 뒤였기에, 이번에는 현장에서 실제로 기술을 다루는 사람의 이야기를 듣고 싶었다. 그리고 그 현장이 바로 게이츠가 세운 회사라면 더할 나위가 없었다. 마이크로소프트가 생성형 AI에 전력을 다하고 있다는 것은 이 분야에 조금이라도 관심 있는 사람이라면 누구나 알 만한 사실이다. 게다가 마이크로소프트는 오픈AI와 긴밀한 협력 관계를 맺고 있다는 점에서 AI가 만드는 변화의 중심에 있었다. 우리는 티번이 마이크로소프트 내에서는 그러한 변화가 어떤 모습으로 나타나고 있는지 이야기해주기를 바랐다.

2022년 여름, 티번은 마이크로소프트 본사인 레드먼드 캠퍼스에서 3킬로미터쯤 떨어진 집으로 차를 몰고 가던 중이었다. 그러다 느닷없이 한 번도 해본 적 없는 행동을 했다. 차를 길가에 세운 뒤 "아아아!" 하고 비명을 지른 것이다. 놀라움과 흥분이 뒤섞여 자신도 모르게 터져 나온 외침이었다. 하지만 이는 그녀의 평소 모습과는 전혀 어울리지 않는 행동이었다. 티번은 직설적이고 똑 부러지며 감정 기복이 적은 성격에 빅테크 기업의 연구원이자 임원으로 있었다. 일상에서 별다른 이유 없이 소리를 지를 타입으로는 보이지 않았다.

그날 티번이 혼자서 소리를 지를 만큼 흥분한 이유는 GPT-4가 정식 출시되기 훨씬 전에 열린 비공개 시연에서 처음으로 GPT-4를 사용해본 참이었기 때문이다. 그녀는 GPT-4를 써보자마자 이 기술과 제품이 오래전부터 기대만 부풀리던 이전의 AI들과 다르다는 사실을 직감했다. 지난 10여 년간 모든 빅테크 기업은 AI를 상용화하겠다는 청사진을 내걸었고, 그들의 AI는 꽤 '지능적'인 것처럼 보이긴 했다. 그러나 현실은 늘 기대에 미치지 못했다. 이전의 AI들도 여러 면에서 놀라운 성능을 보여주기는 했지만, 인간과 비슷하다거나 범용적인 지능을 갖추었다고 하기에는 한 방이 부족했다. 하지만 이번에는 달랐다. 오픈AI는 오랫동안 이야기만 무성했던 AI를 마침내 그 이름에 걸맞은 모습으로 구현해냈다.

티번이 GPT-4를 처음 접했을 당시는 마이크로소프트에서 새로운 역할을 맡은 지 4년쯤 지난 무렵이었다. 그동안 그녀는 회사의 제품이 미래의 업무 방식을 어떻게 바꿀지를 다루는 연구 프로젝트와 실험을 진행했다. 그러던 중 2020년 팬데믹이 닥치자 전 세계의 모든 지식 노동자가 동시에 원격 근무를 해야 하는 상황이 벌어졌다. 티번 같은 연구자에게는 귀중한 데이터를 얻을 수 있는 거대한 실험 환경이 만들어진 셈이었다. 이전까지 화상 회의와 클라우드 기반 인프라, 각종 협업 도구들은 단계적으로 서서히 발전하고 있었지만, 팬데믹 이후에는 지금 당장 없어서는 안 될 필수 기술이 되었다. 티번과 동료들은 이 위기를 계기로 원격 근무에 사용하던 마이크로소프트의 도구들(특히 오피스와 협업 플랫폼인 팀즈 같은 제품들)을 개선하는 데 AI

가 어떤 역할을 할 수 있을지에 주목했다.

이 과정에서 티번은 회사의 주요 제품에 AI를 어떤 식으로 도입할 수 있을지 검토하기 위해 챗GPT 초기 버전의 사용 권한을 받았다. 그녀는 최신 LLM들이 이전에 나온 AI와 다른 방식으로 작동하는 것을 보고 깊은 인상을 받은 참이었다. 그런 와중에 GPT-3.5가 공개되기 몇 달 전, 동료인 케빈 스콧이 GPT-4를 직접 써보기 위해 샘 올트먼을 만나보자고 제안했다. 그는 일주일 전 빌 게이츠도 GPT-4를 처음 써보고 충격을 받았으니 그녀도 마음의 준비를 하라고 말했다. 앞서 말했듯, GPT-4는 게이츠의 눈앞에서 AP 생물학 시험을 완벽히 풀어내고 그 풀이에 설명까지 덧붙이면서 단순히 답을 외운 것이 아니라 문제를 이해하고 있음을 방증했다.

하지만 티번은 반신반의했다. 시연용 버전은 사람들이 놀라게끔 연출되기도 한다. 게이츠가 본 것은 한 분야의 지식에 특화된 버전일지도 몰랐다. 그녀는 그 자리에서 무엇을 보게 될지는 모르지만, 직접 써보고 판단하기로 했다.

티번은 시연 현장에서 이전까지 품었던 모든 의심이 한순간에 날아간 일을 떠올렸다. "처음으로 진짜 사람과 대화를 나누는 것 같았어요. 우리가 수년 동안 이야기하던 사용자의 말을 이해하는 AI가 눈앞에 있었죠. 대화를 이어가고 질문을 던지고 반박도 하더군요. 조건이 서로 충돌하거나 애매한 상황도 문제없이 다뤘고요. 틀린 점이 있거나 내 질문의 의도를 잘못 이해했다고 지적하면, 즉각 답을 바로잡기도 했죠. 정말로 놀라웠어요."[1]

차를 몰고 집으로 가는 동안, 티번은 조금 전 본 광경을 곱씹었다. 그녀는 당시 진행 중이던 AI와 회사의 주요 제품을 연결하는 프로젝트들과 앞으로 맡을 모든 업무를 떠올리다 문득 한 가지 사실을 깨달았다. 이제 자신의 일은 지금까지와 완전히 달라질 것이라는 사실이다. 챗GPT를 비롯한 생성형 AI는 모든 것을 뒤바꿀 만한 능력과 실용성을 갖추고 있었다. 앞으로 벌어질 일들이 한꺼번에 머릿속을 스쳐 지나갔다. 수년 동안 실제로 사고하고 이해할 줄 아는 AI가 등장하면 무엇을 해낼 수 있을지를 기대하며 그 방향으로 일해온 끝에 마침내 그 순간이 찾아온 것이다.

많은 사람이 2022년 말이나 2023년 초 챗GPT를 처음 접하며 비슷한 충격을 경험했다. 우리 두 사람은 2022년 12월 GPT-3.5를 접하고서 앞으로 무슨 변화가 일어날지 감을 잡기 시작했고, 몇 달 뒤 GPT-4를 써보며 확신을 얻었다. 이것이 우리가 AI 여정을 시작한 계기였다. 이 여정은 우리에게 단순한 비유가 아니라 현실이기도 했다. 우리는 생성형 AI가 앞으로 브랜드 구축과 마케팅, 고객과의 관계에 어떤 영향을 미칠지를 깨닫고서 회사의 방향을 바꾸기로 마음먹었기 때문이다. 그리하여 우리는 지금까지 살펴본 것처럼 이 여정을 이어왔다.

그런데 최근 우리는 다시 한번 전율의 순간을 경험했다. 다만 이번에는 GPT-4를 처음 보았을 때와 달리 서서히 깨달음이 찾아오면서 인식의 수준이 한 단계 더 깊은 곳까지 다다르는 듯한 느낌을 받았다. 어떤 대상을 보며 대단하다고 감탄하고 있었는데, 알고 보니 이제 시작일 뿐이라는 것을 깨닫고 시야가 완전히 달라지는 순간을 생각해보라. 여기서는 잠시 그 깨달음이 무엇이었는지를 짚고 넘어가려 한다.

시작은 우리가 즐겨 듣는 팟캐스트 〈AI쇼^{The Artificial Intelligence Show}〉

에서 이 책을 소개해준 일이었다. 이 팟캐스트의 진행자는 마케팅 AI 인스티튜트의 창립자이자 CEO로 AI 분야에서 이름이 높은 폴 로처 Paul Roetzer였다. 우리는 책의 서문과 1, 2장을 폴에게 보냈고, 그가 우리의 책과 여정을 청취자들에게 소개하는 것을 듣고 놀라면서도 무척 기뻤다. 그런데 폴은 서문에서 인용한 샘 올트먼의 발언을 읽고 잠시 멈칫했다. 앞서 언급했듯, 올트먼은 AGI가 등장하면 AI가 시간과 비용을 거의 들이지 않고도 마케팅과 크리에이티브 업무의 95퍼센트를 처리할 수 있으리라 말했다. 그는 그 시점을 약 5년 후로 보았다.

폴은 발언의 내용이 AGI에 대한 자신의 전망과 어긋나서가 아니라 올트먼이 그토록 허심탄회하게 자기 생각을 털어놓았다는 사실에 놀랐다. 그리고 그는 올트먼의 발언을 보며 그동안 눈앞에 다가온 미래를 생각하는 데 충분한 시간을 쏟지 못한 것을 반성했다. 실제로 그는 다음 방송에서 다시 한번 올트먼의 말을 인용하며 앞으로 5~10년 동안 생성형 AI가 어떤 과정을 거쳐 AGI로 발전할 것이라 보는지를 시간대별로 정리했다.

폴이 제시한 시간표를 요약하면 다음과 같다.

- 2024년: GPT-5, 제미나이2급 모델이 등장한다. 멀티모달, 추론, 계획, 의사결정, 기억, 개인화 영역에서 발전이 계속 이루어진다.
- 2025~2026년: 멀티모달 AI가 폭발적으로 성장한다. AI 모델들의 성능과 범용성이 10~100배 더 향상된다. AI 안경처럼 AI를 탑재한 장치들이 점차 대중화된다.
- 2025~2027년: AI 에이전트가 폭발적으로 성장한다.

AI가 인간의 감독 없이도 더 많은 작업을 안정적으로 수행할 수 있게 된다. 이에 따라 AI가 지식 노동에 미치는 영향이 눈에 보이는 수준으로 나타나기 시작한다.

- 2026~2030년: 로봇 기술이 폭발적으로 성장한다. AI 로봇이 업무 현장에서 상업적으로 널리 활용되기 시작한다. AI가 육체노동에 미치는 영향이 분명하게 드러나기 시작한다.

- 2028~2030년: AGI가 등장한다. 산업 전반에서 비즈니스 구조가 재편된다. 1~10명 규모의 인력만으로도 기업 가치가 10억 달러를 넘어서는 회사들이 흔해진다.

하지만 폴의 성찰과 그가 제시한 시간표를 충분히 곱씹어 보기도 전에, 우리는 브래드 거스트너와 빌 걸리라는 두 저명한 투자자가 최근에 시작한 팟캐스트 〈BG2팟〉을 우연히 들었다. 그 방송에서는 최신 신경망 모델과 테슬라의 완전 자율주행을 비롯한 실제 활용 사례들을 다뤘다. 테슬라가 자율주행 AI를 설계하는 방식을 어떻게 바꿨는지에 대한 이야기는 무척 흥미로웠다. 테슬라는 LLM과 비슷하게 범용적인 신경망을 기반으로 AI를 설계하는 쪽으로 방향을 바꿨는데, 이렇게 하면 AI 모델은 끊임없이 업로드되는 운전자들의 주행 영상을 학습하며 차량을 어떻게 주행해야 하는지를 스스로 이해할 수 있게 된다.

그다음 두 사람은 곧 출시될 것이라는 소문이 돌던 GPT-5로 화제를 돌려 생성형 AI에 대한 논의를 이어갔다. 거스트너는 자신의 소식통에 따르면 GPT-5는 이미 학습을 모두 마친 상태이며, 현재는 출시 전 마지막으로 '레드 팀' 테스트(미세 조정과 안전성 점검)를 받고 있다고 전했다. 그리고 GPT-5는 GPT-4보다 두 배 더 강력할 것이며, 빠르면 몇 달 안에 공개될 수도 있다고 했다. 잠깐. 두 배 더 뛰어나다고?

우리는 지금도 최고 수준으로 보이는 무언가가 두 배 더 좋아진다는 게 과연 무슨 의미인지 논의했다. 언뜻 생각해서는 도무지 감이 오지 않았다. 앤디는 NBA의 신예 스타 빅터 웸반야마를 예로 들었다. 사람들은 데뷔 시즌의 같은 시점을 기준으로 보면 웸반야마가 마이클 조던, 르브론 제임스, 코비 브라이언트보다 30퍼센트 더 뛰어나다고 말했다. 웸반야마는 드리블, 슛, 패스, 수비를 그들과 같은 수준으로 해내지만, 키가 213센티미터에 이르며, 비슷한 체격의 선수에게 기대하기 어려운 기술과 민첩성을 모두 갖추었다. 그런데 만약 웸반야마가 그 선수들보다 30퍼센트가 아니라 100퍼센트 더 뛰어나다면 어떨까? 그건 도대체 어떤 모습일까? 인간의 머리로는 지금도 매우 뛰어난 무언가보다 두 배 더 낫다는 것이 어떤 의미인지 상상하기 어렵다. 가장 좋아하는 식당에서 가장 좋아하는 음식을 떠올려보라. 그리고 그 음식이 지금보다 두 배 더 맛있다고 상상해보라. 그러면 우리가 왜 그토록 혼란스러워했는지 이해할 수 있을 것이다.

며칠 사이에 우리는 세상을 바라보는 기준과 방향이 조금씩 흔들리고 있다는 느낌을 받았다. 폴 로처가 그랬듯 우리는 이 모든 변화가 언젠가 AGI라는 종착지로 이어지리라는 생각에 사로잡혀 현재 AI의 역량과 미래의 AGI를 비교했다. 그러면서 우리는 대부분의 비즈니스 리더가 AI를 이해하고 활용하는 능력이 AI 기술의 수준에 비해 크게 떨어진다는 사실에 집중했지만, 정작 바로 눈앞에서(아마도 올해 안에) 벌어질 변화를 놓치고 있었다.

그리고 우리가 중요한 것을 놓치고 있었다는 사실을 간신히 깨닫기 시작한 참에 우리는 무스타파 술레이만^{Mustafa Suleyman}과 만났다. 술레이만과의 만남은 우리가 앞으로 1년 반 동안 무슨 일이 벌어질지에 충분히 주의를 기울이지 못한 채 혼란에 빠져 있었다는 사실을 분명히 일깨웠다.

술레이만은 샘 올트먼, 리드 호프먼, 빌 게이츠, 제이미 티번과 마찬가지로 AI 연구와 상용화 분야에서 널리 알려진 인물이다. 구글 딥마인드의 창립 멤버로서 딥러닝과 신경망 AI 분야를 개척했으며, 이후 리드 호프먼과 함께 인플렉션AI를 세워 AI 챗봇 '파이'를 출시했다. 우리가 대화를 나눌 당시 그는 인플렉션AI의 CEO였으며, 얼마 전에는 AI를 주제로 『더 커밍 웨이브』라는 책을 출간하기도 했다.

술레이만은 AI 시대가 머지않아 새로운 단계에 접어들 것이라 전망했다. "우리는 곧 'ACI', 즉 '인공 역량 지능^{Artificial Competent Intelligence}' 이라고 부를 만한 단계에 들어설 겁니다. AI 모델들이 거의 모든 과제를 능숙하게 처리할 만큼 뛰어난 수준에 이르는 단계죠. AGI에는 못 미치지만, 현재 수준과 비교하면 엄청난 도약입니다. 그런 도약이 가능한 이유는 주요 연구소들과 AI 생태계의 근간이 되는 생성형 AI 시스템들이 차세대 모델에 지금보다 100배 많은 연산 자원을 투입하고 있거나, 곧 투입할 예정이기 때문입니다. 그게 어떤 의미인지는 상상이 가실 겁니다."[2]

솔직히 말하면 우리는 그 의미를 상상할 수 없었다.

술레이만이 말을 이었다. "예를 들어 앞으로 1년 안에는 AI 기반의 소셜미디어 인플루언서가 지금 가장 잘나가는 인플루언서들과 맞먹는 인기를 누릴 겁니다. 물론 운영은 스튜디오나 기업, 창업자들이 맡겠지만, 그 실체는 전부 AI로 이루어질 겁니다."

처음에는 좀 뜬금없고 엉뚱하게 들리는 이야기였지만, 바로 그 점이 핵심이었다. 잠시 멈춰서 그의 말을 곱씹어 보니 그가 왜 이러한 예시를 들었는지 납득이 갔다. AI가 가진 능력의 범위와 수준이 또 한 번 큰 도약을 이룬다면, 그 파장은 점진적인 변화에 그치지 않고 완전히 새로운 현실을 만들어낼 것이다. AI로 만들어진 인플루언서의 사례는 이미 아시아를 중심으로 서서히 현실이 되고 있었다. 하지만 술레이만은 우리가 이 예시에서 받은 낯설고 어색한 느낌이 훗날 AI로만 이루어진 인플루언서가 실제로 등장했을 때 느낄 감정과 다르지 않다는 점을 일깨웠다.

술레이만은 짧은 시간 동안 인터뷰에 몰입하며 핵심만을 짚었다. 그가 이야기에 열중하는 모습을 보인 이유가 바빠서만은 아닌 듯했다. 술레이만은 수십 년을 바쳐온 일이 놀라운 현실로 구현되는 광경을 눈앞에서 보고 있었으며, 그 변화의 의미를 누구보다 깊이 이해하고 있었다. 그러니 그가 우리에게 지금은 방향을 잃었다는 느낌을 받는 게 당연하다고 말하는 듯한 태도를 보인 것도 이상한 일은 아니었다.

인터뷰를 마친 뒤, 우리는 방금 경험한 깨달음의 순간이 무엇을 의미하는지 몇 시간 동안 이야기했다. 우리는 처음 챗GPT를 접한 일과 AGI에 관한 올트먼의 이야기를 해석하는 데 몰두한 나머지, 이 기술이 바로 같은 해, 그것도 불과 몇 달 안에 다시 한번 큰 도약을 이룰 가능성이 크다는 사실을 놓치고 있었다.

매일같이 이 주제를 파고들며 이 모든 변화가 무엇을 의미하는지 이해하려 애쓰는 우리조차 이렇게 혼란스러운데, 다른 사람들은 과연 어떤 기분일까? 아니, 사람들은 지금 무슨 일이 벌어지고 있는지 알고는 있을까? 지금은 기술이 발전하는 속도가 워낙 빠르다 보니 변화가 완만한 직선이 아니라 기하급수적인 성장 곡선을 그리는 것처럼 느껴진다. 우리 두 사람이 방향 감각을 잃은 이유도, AI의 발전 속도와 기업들의 활용 능력 사이에 격차가 벌어지는 이유도 여기에 있을 것이다.

하지만 이러한 격차는 당장은 점점 커지고 있기는 해도 충분히 대응할 수 있는 문제다. 다만 그러기 위해서는 비즈니스 리더들이 단순히 이 문제에 주의를 기울이는 단계를 넘어 즉각 대응책을 마련하는 단계로 넘어가야 한다. 이 격차를 따라잡으려면 지금 어떤 변화가 일어나고 있는지를 정확히 이해하고, 그다음에는 개인과 조직 차원에서 격차를 줄이기 위한 구체적인 실행 전략을 세워야 한다. 그리고 지금 일어나는 변화를 이해하려면 무엇보다 먼저 AI 기술이 지금까지 경험해온 어떤 기술보다 빠르게 발전한다고 느끼는 것이 당연하다는 사실을 인정해야 한다. AI는 실제로 그처럼 빠르게 발전하고 있기 때문이다.

인간은 본능적으로 변화가 점진적이고 선형적으로 일어날 것이라 기대한다. 실제로 대부분의 변화는 그렇게 이루어지기 때문이다. 인간은 일정한 속도로 조금씩 나이를 먹으며, 식물과 동물도 마찬가지다. 도시의 성장 역시 대체로 그렇다. 기술은 예외적으로 늘 그보다 조금 더 빠르게 변화해왔다. 하지만 이제는 기술의 속도가 기하급수적으로 증가하는 단계에 들어서면서 무슨 수로 그 속도를 따라잡을지 감을 잡기 어려운 지경에 이르렀다. 이 문제를 생각하며 우리는 2024년 1월 11일 빌 게이츠가 자신의 유튜브·팟캐스트 프로그램 〈언컨퓨즈 미Unconfuse Me)에서 샘 올트먼과 나눈 대화를 떠올렸다.[3] 방송에서 게이츠는 이렇게 말했다. "이전의 기술 혁신과 달리 AI는 과거보다 훨씬 더 빠르게 발전할 수 있습니다. 게다가 어디까지 발전할지 가늠하기도 어려워요. AI는 이미 많은 업무 영역에서 인간 수준에 도달했죠. 그래서 우리는 인간이 그 어느 때보다도 기술에 빠르게 적응해야 하는 상황에 내몰릴까 봐 우려하고 있습니다."

"무서운 점은 사람들이 기술 혁명에 적응하고 그에 맞춰 달라져야 한다는 사실이 아닙니다." 올트먼이 대답했다. "우리는 과거에도 늘 그렇게 해왔죠. 하지만 이번에는 변화가 이전보다 훨씬 더 빠르게 일어나고 있습니다. 정말로 두려운 것은 사람들이 이 변화를 따라가려면 엄청나게 빠른 속도로 적응해야 한다는 점이죠."

우리 역시 같은 두려움을 느끼고 있었기에 우리는 곧장 이 상황에 어떻게 대응할지 고민하는 쪽으로 방향을 돌렸다. 우선 포럼3에서는 마케터와 브랜드 담당자들이 GPT-4를 대화나 협업 도구를 넘어 새로운 방식으로 활용하도록 돕기 위해 스폭Spok이라는 소프트웨어 플랫폼을 개발하고 있었다. 예를 들어 스폭에서는 GPT-4의 API를 검색 키워드, 웹 트래픽 규모 같은 전문 데이터의 출처와 결합해 마케터들이 콘텐츠 마케팅 전략과 실행 계획을 훨씬 빠르고 효율적으로 수립하도록 돕는다. 또, 우리는 이러한 방향으로 소프트웨어 제품을 개발하는 데 집중하는 한편, 브랜드와 마케터들이 AI 기술을 받아들이고 활용할 수 있도록 돕는 컨설팅 서비스 사업도 함께 운영하고 있었다. 그런데 AI의 역량이 AGI에 도달하기 이전의 중간 단계가 생각보다 빠르게 다가오고 있다는 사실을 깨달으면서 우리는 AI 기술의 발전 속도와 시장의 활용 능력 사이의 격차가 더 벌어지는 상황에 대비해 컨설팅 서비스의 비중을 더 높이기로 했다.

그리하여 우리는 두 가지 일을 추진했다. 첫째, 회사 차원에서 우리는 'AI 중심의 디지털 전환'(이하 AX)을 추진하고, 조직 내부에서 AI를 이해하고 활용하는 능력을 키우기 위해 실제로 행동에 나서는 마케터와 브랜드 담당자들을 만나 대화를 나누는 것. 그들과의 대화는 이 책을 쓰는 데에도 도움을 줄 뿐만 아니라, 우리 자신에게도 배움을 얻을 기회가 되리라는 생각이 들었다.

둘째, 우리는 브랜드 담당자와 마케터, 그들이 속한 조직이 AI 활용 능력을 빠르게 끌어올리도록 돕는 'AI 퍼스트 부트캠프' 서비스를 본격적으로 출시하는 것. 이 같은 서비스에 대한 수요는 머지않아 폭발적으로 늘어날 것이며, 우리가 아니더라도 수백 기업이 앞으로 1년 안에 비슷한 서비스를 내놓으리라 예상했기 때문이다.

AX를 추진하는 리더들과 나눈 첫 번째 대화의 주인공은 에릭 본Eric Vaughan이었다. 본은 오랜 경력을 지닌 기술 분야의 기업가로, 기업을 대상으로 IT 서비스와 도구를 제공하는 이그나이트테크IgniteTech 와 GFI소프트웨어GFI Software의 CEO를 맡고 있다. 본은 활력이 넘치는 인물로, 자신의 회사들에서 어떻게 AX를 추진하고 있는지에 대해 열정적으로 이야기했다.

본은 생성형 AI를 세상을 바꾼 혁신적인 기술들과 같은 반열에 둔다. 1960~1970년대의 인터넷, 1970~1980년대의 개인용 컴퓨터, 1990년대의 웹, 2007년의 아이폰, 그다음이 바로 2022년 12월 챗GPT

의 등장으로 궤도에 오른 생성형 AI다.

"저는 이런 순간들을 여러 번 봐왔습니다. 그래서 또 하나의 전환점이 다가오는 걸 알게 되면 즉시 회사의 일상 업무에 도입하겠다고 마음먹고 있었죠. 지금 당장 생성형 AI를 받아들이고 적응하지 않으면 경쟁에서 뒤처져 사업을 접어야 할 테니까요. 복잡하게 생각할 필요가 없는 문제입니다."[4]

실제로 본은 잠시도 망설이지 않고 행동에 나섰다. 2023년 초 챗GPT가 출시된 직후, 그는 사실상 하나의 조직처럼 운영하던 회사들의 전사 회의에서 분기 목표를 논의하기에 앞서 이렇게 선언했다. "이번 회의는 평소와 다릅니다. 오늘은 세상이 어떻게 변하고 있는지, 그리고 우리는 그 변화에 어떻게 대응해야 하는지를 이야기할 겁니다."[5] 그는 모든 임직원을 대상으로 한 새로운 정책과 프로그램을 도입해 조직 문화를 AI 중심으로 전환하겠다고 밝혔다. 직원들은 AI를 배우고 이를 업무에 생산적으로 활용할 수 있도록 투자와 지원을 받을 것이었다. 설령 언젠가 회사를 떠나더라도 이번 기회를 통해 AI에 대한 인식과 AI 활용 능력을 키우면 이후의 경력에도 도움이 되리라는 것이 본의 설명이었다.

본은 많은 사람이 회의적인 태도를 보이거나 반발할 것을 알고 있었다. 그래서 그는 전면적인 거부를 용인하지 않는다는 원칙을 세우는 한편, 새로운 프로그램에 열린 자세로 임하는 것을 중시하고 보상을 주겠다고 밝히며, 적극적인 참여를 가장 중요한 기준으로 삼았다. 본은 직원들이 AI를 잘 다루지 못하거나 잘 다루고 싶은 마음이 없더라도 프로그램에 쉽게 참여할 수 있도록 여러 방법을 마련했다. 중요한 것은 모두가 진지하게 노력하려는 태도를 보이는 것이었다.

"돌이켜보면 팔짱을 낀 채 '꼭 최신 유행을 따라야 할 필요는 없어. 나와는 상관없는 일이야'라고 말하는 회의론자들은 늘 있었어요. 저는 그런 사람들이 간단한 일에도 참여하지 않으면서 조직 전체에 두려움과 불확실성, 의심을 퍼뜨리도록 내버려둘 생각이 없었습니다."

그래서 그는 프로그램 참여도를 기준으로 한 점수 제도를 도입했다. 예를 들어, 생성형 AI를 비즈니스에 어떻게 활용할 수 있을지에 대한 팁을 제출하면 누구나 점수를 받았다. 쉽고 간단한 일이었다. 좋은 아이디어든 그저 그런 아이디어든 상관없었고, 정답이나 오답도 없었다. 다만 시도조차 하지 않으면 점수를 받을 수 없었다. 본은 여러 부서가 생성형 AI를 활용해 협업하는 해커톤 형식의 프로젝트에도 직원들이 적극적으로 참여하도록 장려했다. 상위 성과자는 상금을 받지만(상위 5명은 각각 2500달러의 보너스를 받았다), 아예 시도조차 하지 않은 하위 성과자들은 최하위 그룹으로 분류되어 회사를 떠나도록 요구할 예정이었다.

다음 분기의 전사 회의에서 본은 직원들이 제출한 아이디어와 해커톤 프로젝트가 이미 출시되었거나 출시될 가능성이 있는 제품 43개에 영향을 미쳤으며, 그중 26개는 실제로 개발 단계에 들어갔다고 보고했다. 제출된 아이디어는 총 1186건에 달했으며, 이에 따라 창출될 수 있는 사업 가치는 무려 180만 달러에 달했다. 이와 동시에 본은 최하위 그룹으로 분류된 소수의 직원이 실제로 해고되었음을 알렸다. 본은 AI 중심의 학습 및 참여 프로그램들을 야심 차게 시작한 데 이어 2024년 1분기에는 이른바 'AI 월요일'을 도입했다. 이에 따라 매주 월요일에는 해외 지사를 포함한 회사 전체가 AI와 관련한 교육과 프로젝트, 제품 개발에만 전념해야 했으며, 이날만큼은 고객과의 미팅이나 다른 프로젝트 업무도 전혀 허용되지 않았다.

본은 업무 시간의 20퍼센트를 AI에 할당하는 것이 회사 운영에 상당한 부담이 될 수 있다는 점을 잘 알았다. 하지만 그는 이렇게 말했다. "우리는 직원들이 AI를 활용해 그 문제를 해결하기를 기대했습니다. 결국에 가장 중요한 목표는 회사의 실제 가치를 5배, 10배로 끌어올리는 것이니까요. 생성형 AI는 어쩌면 업무 환경에 역사상 가장 중요한 변화를 가져올지도 모릅니다. 그렇기에 우리는 모든 구성원이 이를 최우선 과제로 받아들이도록 만들기 위해 투자와 노력을 아끼지 않을 생각입니다."

본의 행동 중심적이고 게임 요소를 도입한 접근 방식이 AX를 단숨에 궤도에 올려놓을 수 있는 방법임은 분명했다. 하지만 우리는 그의 방식이 사업 전반에 큰 혼란을 가져올 수 있으며, 많은 기업이 본보기로 삼기에는 어렵다고 생각했다. 그래서 우리는 본과 마찬가지로 AI 퍼스트 조직으로의 전환에 열의가 있으면서도 덜 충격적인 방식을 택한 리더들을 물색했다.

세계적인 부동산 기업 티시먼스파이어Tishman Speyer의 최고마케팅책임자CMO 겸 매니징 디렉터 얼리샤 파커Alicia Parker는 더 신중한 접근 방식을 보여주는 좋은 사례였다. 파커가 이끄는 마케팅팀은 뉴욕 록펠러센터 같은 랜드마크를 비롯해 전 세계 수백 개 대형 부동산의 스토리텔링과 고객 참여·마케팅·파트너십 전반을 책임진다. 파커는 본과 마찬가지로 기업들이 곧 AX를 성공적으로 이룬 기업과 그러지 못한 기업으로 빠르게 나뉠 것이라 보았다. "우리는 생성형 AI 도구와 프로세스를 일상 업무에 자연스럽게 녹여낼 최선의 방안을 찾고자 합니다. 그렇게 하면 마케터들은 즉각 시장에서 경쟁 우위를 확보할 수 있을 겁니다."[6] 우리는 AI가 구체적으로 어떤 경쟁 우위를 가져다줄 것이라 보는지 물었다.

현재 마케팅이 직면한 가장 큰 문제는 기술과 소비자의 행동이 빠르게 변화하고, 마케팅 채널이나 고객과의 접점이 급격히 늘어난 상황에서 마케팅의 투자수익률을 정확히 측정하기가 어려워졌다는 점입니다. 많은 사람이 이 문제를 두고 고민에 빠져 있을 거라 생각해요. 그렇기에 생성형 AI를 활용해 사업 전략을 세우는 데 필요한 인사이트를 얻고, AI를 실제 업무 과정에 적용할 방안을 깊이 고민할수록 마케터들은 브랜드 가치뿐만 아니라 눈에 보이는 비즈니스 가치까지 만들어낼 수 있을 겁니다. AI로 생산성을 끌어올리고 프로젝트를 시작할 때마다 되풀이하던 반복 작업을 줄여 고객과 더 깊은 관계를 형성하는 데 집중할 수 있다면, 그만큼 프로젝트의 완성도도 점점 높아지겠죠. 여기에 더해 AI는 시간이 지날수록 비용을 절감하는 효과도 있을 겁니다. 그동안 하지 못했던 전략적 투자를 가능하게 하고, 매출을 성장시키며, 소비자와 소통하는 방식까지 바꿔놓을 수 있습니다. 저는 AI가 비용을 줄이는 동시에 새로운 성장을 만들어낼 것이라 기대합니다.

파커는 팀 전체를 부트캠프 방식의 집중 교육 과정에 참여시켜 함께 교육을 받고 의견을 나누고 협업하는 경험을 통해 AI 활용 능력을 빠르게 끌어올리도록 이끌고 있다. AI가 새로운 형태의 기술인 것과 마찬가지로 이 역시 새로운 형태의 훈련이라 할 수 있다. 이는 직접 해보며 배우는 실습 중심의 훈련으로 다양한 분야에 적용할 수 있으며, 비슷한 조건의 참가자들이 함께 배운다는 점에서 코호트 학습과 유사하지만, 이 경우에는 같은 조직에 속한 구성원들이 같은 방식으로 배우고 협업하며 경험을 공유한다는 특징이 있다. 파커의 접근 방식은 본의 방식과 비슷한 점도 있지만, 개인과 조직이 AI 활용 능력을 키우고 AI를 직접 업무에 사용해보면서 자연스럽게 배움을 얻는데 더 무게를 둔다.

본과 파커는 자신의 조직에서 AX를 추진하는 리더들의 예다. 두 사람은 접근 방식의 강도에는 차이가 있지만, 전반적인 의도와 문제의식은 같았다. 우리는 그 외에 다른 조직들은 어떻게 대응하고 있는지 알아보기 위해 팟캐스트 〈AI 쇼〉의 공동 진행자이자 이 책을 방송에서 소개해준 폴 로처에게 물었다. 그는 팟캐스트를 함께 진행하는 마이크 카풋Mike Kaput과 『마케팅 인공지능Marketing Artificial Intelligence』이라는 책을 쓰기도 했다.

폴은 곧장 변화에 제대로 대응하지 못하는 기업들의 사례를 말했다. 그가 든 사례에서 기업이나 리더들은 생성형 AI를 여느 기술을 도입할 때와 다름없는 방식으로 다루었다. 단순한 데이터 기반 프로젝트를 시작하거나 서비스형 소프트웨어^{SaaS}를 도입할 때처럼 최고기술책임자^{CTO}나 최고정보책임자^{CIO}를 불러 일을 맡기는 식이다. 이렇게 하면 기밀 유지나 법적 책임, 보안 측면에서는 어느 정도 유리한 점이 있겠지만, 정작 가장 중요한 전략적 기회, 즉 생성형 AI를 단순한 기술이 아니라 사고방식을 뒤엎는 디지털 혁신으로 바라볼 기회를 놓치게 된다.

"우리가 본 가장 모범적인 사례는 '교육과 훈련을 무엇보다 우선하라'는 우리의 조언을 그대로 따른 사람들입니다. 리더는 조직 전체와 함께 생성형 AI에 대한 이해 수준을 끌어올려야 합니다. 많은 사람이 AI 때문에 일자리를 잃을까 봐 지레 겁부터 먹고 있으니까요. 그런 사람들은 이 기술이 실제로 무엇을 할 수 있는지조차 모릅니다. 그렇기에 교육과 훈련을 가장 우선해야 하죠. 그다음으로는 AI가 회사와 해당 산업에 미칠 영향을 체계적으로 검토할 AI 협의체를 만들어야 합니다. 그리고 리더는 조직 차원에서 생성형 AI 사용 정책과 책임 있는 AI 원칙을 마련하고 AI가 회사에 미칠 영향을 평가해야 합니다. 아직 이 정도 수준으로 대응하는 조직은 거의 없지만, 리더라면 반드시 이런 물음을 던져야 합니다. '이 기술은 1년 뒤 우리 회사에 어떤 변화를 가져올까? 앞으로 우리 회사에는 지금처럼 많은 작가나 검색 엔진 최적화^{SEO} 인력, 회계 인력이 필요할까? AI를 도입하면 이 업무에 필요한 인력이 줄어들까?'

그다음 단계는 AI 로드맵을 만드는 겁니다. 지금 당장 추진해야 할 시범 프로젝트는 무엇이 있을지, AI를 활용해 더 효과적으로 해결할 수 있는 문제는 무엇인지 고민해야 합니다. 많은 기업이 AI 도구를 도입해 실제로 쓸 만한지 시험해보는 식으로 시범 프로젝트를 진행하고 있지만, 사실 제대로 하고 있다고 보기는 어려워요. 시범 프로젝트에서는 반드시 책임자를 지정하고, 프로젝트 전후의 성과를 비교할 기준을 마련해두고, 90일 정도의 기한을 명확히 설정하는 것이 바람직합니다. 90일 동안 효과를 확인하기도 전에 새로운 AI 도구를 연간 구독하는 일은 없어야 해요."[7]

폴의 이야기를 들으며 우리는 브랜드 담당자와 마케터들의 AI 활용 능력이 AI가 발전하는 속도에 비해 뒤처지고 있다는 사실을 다시 한번 확인했으며, 비즈니스 리더들이 이제는 단순히 AI 도구를 도입하는 수준을 넘어 조직 전체를 AI 중심으로 전환해야 할 때임을 깨닫고, AI를 업무에 적용하고 활용할 방안을 깊이 고민해야 한다고 확신했다.

⟳

지금까지의 여정을 돌아보면, 이 장에서 언급한 일련의 대화와 우리가 얻은 깨달음은 우리를 가장 혼란스럽게 만드는 동시에 가장 유기적으로 연결되어 있다. 이제 우리는 새로운 AI 모델의 출시와 함께 곧 새로운 시대에 들어설 것이다. 이 시대는 GPT-4가 등장한 시기(이후 1년간 클로드, 제미나이, 미스트랄 등 여러 AI 모델이 잇따라 나왔다)와 5년 이상 뒤에 도래할 AGI 시대 사이의 중간 단계라 할 수 있다.

GPT-4와 AGI 사이의 이 새로운 중간 단계에서는 생성형 AI를 고객 응대용 챗봇이나 연구·글쓰기 보조 도구로 여기던 기존의 인식을 뒤엎는 패러다임의 전환이 일어날 가능성이 크다. 앞으로 기업들은 생성형 AI를 조직 전반에 적용하기 위해 제대로 된 계획을 세우지 않으면 경쟁력을 유지하기 어렵다는 사실을 깨달을 것이며, 비즈니스 리더들은 AX에 필요한 역량을 키우는 일을 더는 미룰 수 없는 과제로 여기게 될 것이다.

물론 파커와 본의 사례에서 보았듯, 비즈니스 리더들은 다양한 방식으로 이 과제를 해결할 수 있지만, 전환을 시작하는 단계에서 참고해야 할 실행 지침은 존재한다. 폴이 우리에게 설명해준 내용을 바탕으로 이를 요약하면 다음과 같다.

- 리더와 회사가 AI에 관한 교육을 받고 기본적인 활용 능력을 갖춘다.
- AI 분야에서 어떤 변화가 일어나고 있는지를 이해하고, 이를 어떻게 받아들여야 할지를 명확히 판단해야 한다.
- 조직 내에 AI를 전담하는 직책과 협의체를 만든다.
- 생성형 AI 사용 정책을 마련한다.
- 명확한 목표와 평가 기준을 갖춘 AI 시범 프로젝트를 준비하고 실행한다.
- AGI 시대를 염두에 두고 중장기 계획을 수립하기 시작한다.

다음 장에서는 여러 기업이나 리더와 함께 이 지침을 실제로 적용해볼 것이다. 중간 단계의 AI 시대가 빠르게 다가오고 있는 만큼, 이제는 변화에 대비해 본격적으로 속도를 내야 할 때다.

AX 혁명

AI First

무엇을 해야 하는가?

4장

고객 경험의 재발명

이제 잠시 숨을 고를 때다.

우리가 지금까지 무엇을 배웠고 어디로 향하고 있는지를 생각하면, 이 여정이 그리 쉽지만은 않아 보인다. 지금은 한 걸음 물러서서 그동안 배운 것들이 어떤 의미가 있는지를 차분히 돌아보기에 좋은 시점이다.

지금까지의 AI 여정에서 우리는 운 좋게도 급격히 발전하는 생성형 AI 분야의 대표적인 리더들을 만나 이야기를 듣는 귀중한 기회를 얻었다. 우리는 그들에게 생성형 AI가 등장하면서 무엇이 가능해졌으며 앞으로 어떤 현실이 도래할지, 그러한 변화가 언제 일어날지를 물었다. 그리고 우리는 이 리더들을 차례로 만나며 많은 정보와 통찰을 얻은 과정이 자연스럽게 드러나도록 이 책을 구성했다.

이 여정을 시작할 때는 분명한 목표가 있었다. 생성형 AI의 등장과 급격한 발전이 특히 브랜드 담당자와 마케터들에게 어떤 의미가 있는지를 이해하는 것이다. 그리고 목표에 이르는 과정에서 우리가 배우고 정리한 내용이 특정 직무나 사업 분야를 가리지 않고 많은 리더에게 도움을 주기를 바랐다. 그러나 지금까지 살펴보았듯, 우리는 생성형 AI가 기업과 리더, 나아가 사회 전반에 어떤 영향을 미치는가 하는 훨씬 거대한 물음에 어느새 깊이 빠져들었다. 우리가 이처럼 논의를 확장한 이유는 이 책의 원고를 연재하며 독자 커뮤니티의 격려와 조언을 받는 과정에서 AI를 실제로 어떻게 활용할지를 이야기하기 전에 독자들이 큰 그림에서 이 문제를 이해할 필요가 있다는 사실을 깨달았기 때문이다.

이 장에서는 지금까지 우리가 배운 내용 가운데 마케팅이나 브랜드 구축과 직접 관련 있는 부분을 토대로 실무적인 논의에 들어간다. 다시 말해, 이제부터는 AI가 중심이 되는 세상에서 마케팅은 어떻게 변화할 것인가를 묻는다. 그리고 한 걸음 물러선다는 취지에 맞게 이 장에서만큼은 특정 인터뷰에 초점을 맞추기보다는 지금까지의 대화들을 곱씹고 되짚으며 이를 바탕으로 미래를 전망하는 데 집중한다.

AI 시대의 브랜딩과 마케팅

마케팅의 미래가 어떤 모습일지를 전망하려면 먼저 오늘날 마케터의 일이 무엇으로 이루어져 있는지를 살펴봐야 한다. 전통적인 의미에서 마케팅은 하나의 직무이고, 여러 핵심 과업으로 이루어지며, 이러한 과업 자체는 AI 퍼스트 시대에 들어서더라도 사라지지 않을 것이다. 다만 그 일을 수행하는 방식은 몰라보게 달라질 가능성이 크다.

이 말이 무슨 뜻인지는 오늘날 마케팅의 핵심 과업을 이루는 구성 요소들을 살펴보면 알 수 있다. 표 4-1은 마케팅 업무를 포괄적으로 정리한 목록으로, 각 과업이 어떤 업무로 이루어져 있는지를 보여주기 위해 핵심 과업들을 세분화했다.

표에서 알 수 있듯 마케팅의 핵심 과업은 여러 세부 업무로 구성되어 있다. 이는 비단 마케팅만이 아니라 다른 여러 직무에도 해당하는 이야기다. 그러나 다른 직무와 마찬가지로 마케팅 역시 핵심 과업들을 세분화해보면, AI가 지금과 비슷한 속도로만 발전하더라도 미래에는 AI 시스템이 많은 개별 업무를 수행할 것이라 예상할 수 있다.

이러한 맥락을 고려하면, AI가 장차 일부 마케팅 업무를 도맡을 수 있다는 이야기가 자주 나오는 이유를 이해할 수 있다. 이 문제를 두고 많은 사람이 걱정하는 것도 당연하다. 그러나 이 장에서 살펴보겠지만, 현실은 단순히 AI가 일자리를 빼앗는 데서 그치는 것이 아니라 훨씬 복잡한 양상을 보일 것이다. 앞으로 몇 년에 걸쳐 AI가 마케팅과 크리에이티브 분야에 본격적으로 침투하게 되면, 마케팅이라는 직무의 성격 자체가 바뀌면서 마케팅 업계 종사자들의 역할까지도 달라질 것이기 때문이다.

우선 한 가지 짚고 넘어가야 할 점은 마케팅이나 크리에이티브 직무(그리고 이를 구성하는 세부 업무들)의 근본적인 목적은 시간이 지나도 크게 달라지지 않으리라는 것이다. 요컨대, AI가 중심인 시대가

표 4-1

마케팅의 핵심 과업

시장 조사	경쟁 분석	전략 수립
• 소비자 행동 분석 • 감성 분석 • 시장 세분화 및 타기팅 • 트렌드 파악	• 경쟁사 벤치마킹 • SWOT 분석 • 가격 전략 분석 • 제품 기능 비교	• 마케팅 믹스 모델링 • 캠페인 전략 개발 • 예산 배분 및 ROI 예측 • 브랜드 포지셔닝 및 메시지 설정
콘텐츠 제작	SEO 및 SEM	소셜미디어 마케팅
• 블로그 포스트 및 기사 작성 • 영상 콘텐츠 기획 및 제작 • 인포그래픽 및 시각 콘텐츠 제작 • 소셜·웹·이메일 콘텐츠 제작	• 온페이지·오프페이지 SEO 최적화 • 키워드 분석 및 전략 수립 • 클릭당 비용(PPC) 캠페인 관리 • 링크 빌딩 전략	• 소셜미디어 전략 및 콘텐츠 캘린더 기획 • 이용자 참여도 분석 • 인플루언서 파트너십 관리 • 평판 관리
이메일 마케팅	광고	홍보
• 이메일 캠페인 설계 및 자동화 • 세분화 및 개인화 • 이메일 A/B 테스트 • 성과 분석 및 최적화	• 광고 제작 및 테스트 • 광고 대상 고객 선정 • 미디어 기획 및 구매 • 광고 성과 분석	• 보도자료 작성 및 배포 • 언론과의 관계 구축·관리 • 위기 관리 계획 수립 • 이벤트 홍보 및 운영
영업 지원	고객 관계 관리	분석 및 보고
• 영업 자료 제작 • 잠재 고객 평가 및 우선순위 관리 • CRM 시스템 연동 • 영업 성과 분석	• 고객 세분화 • 고객 여정 매핑 • 개인화 마케팅 캠페인 • 고객 충성도 프로그램 관리	• 대시보드 구축 • 데이터 시각화 • 캠페인 효과 분석 • 시장 인사이트 및 전망 보고
규제 준수 및 데이터 프라이버시	통합 및 자동화	사용자 경험 및 인터페이스
• 데이터 보호 규정 • 개인정보 보호 정책 집행 • 규제 준수 현황 관리 및 보고	• 마케팅 도구 간 API 연동 • 도구 간 업무 흐름 자동화 • 실시간 데이터 동기화	• 웹사이트 및 앱 사용성 테스트 • 전환율 최적화 • UI/UX A/B 테스트

열리더라도 마케팅과 크리에이티브 직무의 본질은 변하지 않을 것이다. AI가 할 수 있는 일의 범위가 크게 확장되어 소비자의 행동과 선택을 둘러싼 환경마저 바꾸더라도, 마케터들은 여전히 조사와 분석을 수행하고, 콘텐츠 전략을 수립해 콘텐츠를 제작하고, 다양한 채널

을 활용해 캠페인을 실행해야 한다. 미래에는 이 모든 업무를 컴퓨터에 맡길 수 있을까? 그럴지도 모른다. 하지만 그렇게 하는 것이 효과적일지는 시간이 지나 봐야 알 수 있다.

물론 마케팅의 본질이 변하지 않는다고 해서 모든 것이 그대로 유지된다는 뜻은 아니며, 앞으로 몇 년간 마케팅 분야에서는 많은 변화가 있을 것이다. 우선 소비자가 사용하는 채널이 바뀔 텐데, 마케팅의 대상이 되는 제품 역시 어느 정도는 달라질 수 있다. 뒤에서 자세히 다루겠지만, 마케팅 직무의 명칭과 범위도 달라질 공산이 크다.

지금까지의 여정에서 배운 내용을 되짚어보면, AI 퍼스트 시대에 마케터에게 일어날 주요 변화는 크게 세 영역으로 나누어 볼 수 있다.

- 창의성
- 생산성
- 개인화

이제부터는 세 영역을 하나씩 살펴보자.

창의성

흔히 창의성 개념을 이야기할 때면, AI가 빠르게 발전하더라도 넘어서기 힘든 인간 고유의 영역으로 여기곤 한다. 우리는 머신러닝으로 훈련한 컴퓨터가 계산이나 반복 작업을 척척 해내는 모습에는 익숙하지만, 기계가 인간만큼 창의적일 수 있다는 생각은 좀처럼 받아들이지 못한다. 불과 몇 년 전만 해도 AI에 창의적인 일을 시키려는 시도들은 우스꽝스러운 결과로 끝날 때가 많았고, 컴퓨터는 각본이나 광고 캠페인, 음악 같은 창작물을 만들어낼 수 없다는 인식만 더 굳어졌다.

이러한 인식이 굳게 자리 잡은 이유를 이해하려면, 마케팅에서 말하는 창의성이 무엇인지 구체적으로 살펴볼 필요가 있다. 마케터가 말하는 창작물은 보통 이메일, 웹사이트, 소셜미디어 게시물, 디지털 및 오프라인 광고에 사용되는 문구나 카피, 이미지, 영상을 가리킨다. 그리고 더 넓게 보면, 데이터와 조사, 경쟁사 분석, 직관과 경험을 토대로 만들어지는 크리에이티브 전략 역시 일종의 창작물이라 할 수 있다.

훌륭한 창작물과 전략을 만들어내려면 예술적 요소와 과학적 요소가 모두 필요하다. 우선 카피와 이미지, 영상은 타깃이 되는 고객에게 적절한 감정적 반응을 불러일으켜야 한다. 창작자는 어떤 메시지와 감정을 만들어 누구에게 전달해야 하는지, 여기에 가장 적합한 채널은 무엇인지를 판단해야 한다. 이는 조사, 데이터, 분석을 토대로 하는 과학의 영역이다. 예술적 요소가 들어가는 것은 그다음이다. 디자이너나 아티스트, 작가는 의도한 감정적 반응을 가장 효과적으로 이끌어낼 수 있는 창작물을 만들어내야 한다.

하지만 이 창작물이 좋은 평가를 받으려면, 그것이 브랜드에 부합하는지, 의도한 메시지를 효과적으로 전달하는지, 소비자의 마음을 제대로 두드리는지와 같은 주관적인 요소들을 충족해야 한다. 우리는 특히 이 마지막 요소, 즉 사람들의 감정을 정확히 건드리는 능력을 인간의 영역이라고 여겨왔다. 사람의 감정을 움직이려면 직관, 유머, 공감 같은 능력이 필요하며, 실제로 AI는 얼마 전까지만 해도 이런 일에 서툴렀기에 AI가 이 영역에서 어려움을 겪으리라 생각하는 것도 무리는 아니다.

그런데 현재의 AI 모델에서 특히 주목해야 할 점은 LLM과 확산 모델diffusion model이 과학과 예술 두 영역을 모두 다룰 수 있다는 것이다. 이제 AI 모델들은 어떤 창작물이 효과를 발휘하려면 어떤 형태를 띠고 어떤 방식으로 작동해야 하며 그 이유는 무엇인지를 분석하고 예측할 수 있으며, 나아가 이를 바탕으로 이미지와 소리, 영상 등의 창작물까지 만들어낼 수 있다. 전자에는 챗GPT, 클로드, 제미나이 같은 LLM과 다양한 보조 도구가 쓰이며, 후자에는 달리DALL-E, 소라Sora, 미드저니 같은 확산 모델이 쓰인다. 최신 확산 모델들은 강한 정서적 반응을 불러일으키는 이미지·영상·음성·음악은 물론이고, 사용자의 요청에 따라 새롭고 독창적이며 기이하기까지 한 결과물을 만들어낼 수 있으며, 창작물 안에서 인물의 일관성을 유지하거나 생성된 결과물을 다시 편집하는 일까지 할 수 있다. 그리고 이 모든 일은 사용자가 자연어 프롬프트를 입력하는 것만으로 이루어진다.

따라서 AI 시스템이 진정으로 독창적이거나 호소력 있는 아이디어나 개념, 전략을 만들어낼 수 없다고 믿는 사람은 다시 생각해볼 필요가 있다. 오늘날 파운데이션 LLM과 AI 시스템의 기반을 이루는 심층 신경망은 새로운 해결책과 개념을 떠올리는 능력 면에서 인간과 놀라울 정도로 유사하다. 물론 AI는 학습 과정에서 접한 수많은 아이디어를 바탕으로 사고한다. 하지만 인간 역시 살아가면서 접하는 아이디어와 창작물을 무의식적으로 끌어와 사고한다는 점에서는 AI와 다르지 않다. 그리고 AI는 이제 인간과 마찬가지로 새롭고도 창의적인 아이디어를 떠올릴 수 있다.

이를 잘 보여주는 유명한 사례는 마케팅 분야 밖에서 나왔다. 2016년, 딥러닝 기반의 AI 시스템 알파고와 당시 세계 최고의 바둑 기사였던 이세돌의 대국에서 나온 놀라운 장면은 생성형 AI의 가능성을 일찌감치 알렸다. 역사적인 대국의 두 번째 판에서 알파고는 전 세계가 지켜보는 가운데 누구도 예상하지 못한 충격적인 수를 두었다(오늘날 이 수는 '(2국) 37수'라고 불린다). 이는 이전까지 누구도 보거나 떠올린 적 없는 수였지만, 결국 AI 시스템에 승리를 가져다줬다. 처음에는 많은 사람이 이를 실수라고 생각하기도 했지만, 이제는 AI가 인간 고유의 능력으로 여겨지던 창의성과 직관을 지닐 수 있음을 입증한 사례로 널리 알려졌다. 이처럼 한눈에 이해하기 힘들지만 결과적으로는 탁월했던 한 수는 이전까지의 바둑에서 비슷한 사례를 찾기 어려웠으며, 이로써 알파고는 AI 시스템이 창의적이면서도 새로운 사고를 할 수 있다는 것을 보여줬다.

다시 현재로 돌아와 보면, 오늘날의 AI 시스템은 2016년과 비교할 수 없을 정도로 발전했으며, 그만큼 이러한 현상을 보여주는 사례를 쉽게 찾아볼 수 있다. 일례로 최근 《사이언티픽 리포츠》와 《네이처》에 발표된 연구들은 파운데이션 LLM의 성능을 수백 명의 인간 참가자와 비교해 창의적 사고와 문제 해결 능력을 평가했다. 그 결과, 독창성과 확산적 사고를 평가하는 과제에서 AI 챗봇들은 인간보다 더 높은 점수를 기록했다. (다만 가장 창의적이라고 평가받은 극소수의 답변은 인간 참가자에게서 나왔다. 그러나 평균으로 보면 아이디어를 도출하는 과정과 결과물 면에서 AI가 더 창의적인 것으로 평가되었다.)

여기서 잊지 말아야 할 사실은 앞으로 최소 3년여 동안은 AI 모델들의 지능과 창의성, 전반적인 역량이 계속 발전하리라는 것이다.

AGI를 어떻게 정의하느냐에 따라 차이는 있겠지만, 올트먼이 5년 안에 AGI가 등장하리라 보는 이유도 여기에 있다. 올트먼뿐만 아니라 AI 분야를 선도하는 많은 리더도 같은 생각이다. 그동안 AI가 발전해온 과정과 그 발전을 이끈 요인들을 따라가 보면 이는 충분히 납득할 만한 주장이다. 지금까지 주요 파운데이션 LLM 모델들은 이른바 스케일링 법칙을 따라 발전해왔다. 이는 AI 모델의 학습 단계에서 더 많은 연산 자원compute과 데이터를 투입할수록 모델의 성능도 향상된다는 뜻이다. 게다가 AI 모델의 성능은 일정한 속도로 향상되는 것이 아니라 갈수록 기하급수적으로 발전할 가능성도 있다. 현재 주요 파운데이션 모델을 개발하는 연구소들은 차기 버전 모델을 훈련하는 데에 10억 달러가 넘는 규모의 연산 자원을 투입하고 있으며, 일부 연구소에서는 그 비용이 수십억 달러 수준까지 치솟고 있다. 여기에 더해 메타, 구글 같은 기업들은 방대한 데이터를 학습에 추가로 투입할 수 있고, AI 시스템은 직접 만든 합성 데이터synthetic data로도 학습할 수 있으며, 목적에 맞게 모델을 다듬는 미세 조정 기술은 더욱 개선될 것이다. 따라서 AI 모델은 매해, 매 분기, 심지어 매달 더 발전하리라 보는 것이 타당하다.

이렇듯 생성형 AI 시스템이 계속 발전을 거듭하고 있으며, 이미 과학적 요소와 예술적 요소를 예술을 결합해 창작물을 만들어내는 수준에 도달해 있다는 점을 고려하면, AI 창작자와 디자이너들이 마케팅 활동에 필요한 창작물 대부분을 만들어내는 세상이 다가오고 있음을 어렵지 않게 짐작할 수 있다. 물론 AI 창작자와 디자이너는 앞으로도 인간(혹은 AI 편집자)의 관리를 받을 것이다. 하지만 마케팅 영역에서 창의성을 발휘해 창작물을 만드는 방식은 근본적으로 달라질 것이며, 그 중심은 점차 AI로 옮겨갈 가능성이 크다.

하지만 이러한 변화와 전환이 한 방향으로만 일어나는 것은 아니다. 물론 AI는 오늘날 인간이 수행하는 창작 업무의 상당 부분을 떠맡을 수 있다. 그러나 AI는 인간을 대신해 일부 업무를 수행하는 데서 그치는 것이 아니라, 인간이 더 창의적으로 사고하도록 돕는 역할도 할 수 있다. 실제로 AI는 인간이 전체 과정을 주도하는 가운데 사고의 파트너 역할을 할 때, 즉 단순히 인간의 일을 대신 처리하는 것이 아니라 공동으로 결과를 만들어낼 때 가장 큰 힘을 발휘하는 것으로 보인다. 여러 연구에 따르면, AI는 성과가 높은 지식 노동자보다 성과가 낮은 지식 노동자들에게 더 큰 도움을 주는 것으로 나타났다. 이 연구들은 주로 신제품 마케팅 전략이나 실행 계획처럼 비교적 객관적으로 평가할 수 있는 지식 노동의 산출물에 초점을 맞췄다. 하지만 AI는 창의성이 필요한 분야에서도 비슷한 효과를 발휘할 가능성이 크다. AI는 이미 사고의 파트너이자 아이디어를 시험하고 생성하는 도구로서 그 효용을 입증해왔다. 그리고 AI가 창의적일 수 있다는 사실도 알고 있다. 따라서 AI는 인간의 일을 대신 처리함으로써 창의성을 발휘하는 방식을 뒤흔드는 데서 그치지 않고, '사이보그 방식'으로 인간 창작자와 결합해 함께 업무를 수행할 것이다.

2장에서 언급했듯, 하버드 비즈니스 스쿨과 BCG의 연구에 따르면, 생성형 AI를 지식 노동에 활용했을 때 결과물의 질은 40퍼센트, 양은 25퍼센트 개선되었으며, 특히 인간과 AI가 상호작용하며 함께 일했을 때 가장 뛰어난 성과가 나왔는데, 연구진은 이러한 AI 활용 방식을 사이보그 방식이라 불렀다. 그리고 이 협업 방식은 분석이나 판단이 필요한 업무뿐 아니라 창작물을 만드는 과정에도 그대로 적용할 수 있다. 실제로 우리는 마케팅 리더들이 AI에 간단한 프롬프트를 제시해 다양한 크리에이티브 전략을 도출한 다음, AI 이미지·영상 도구로 그 전략에 맞는 무드보드mood board(창작물이 표현하려는 분위기를 시각적으로 나타낸 참고 자료—옮긴이)나 창작물 시안을 빠르게 제작하는 사례를 여러 차례 목격했다. 이 과정에서 브랜드 마케터는 이전보다 훨씬 많은 아이디어를 확보하며, 이를 통해 영감을 얻거나 변형과 재해석을 거치며 새로운 창작물을 만들어낼 수 있다.

생산성

오늘날 마케팅 업무의 상당 부분은 지루하고 시간이 많이 들더라도 꼭 해야 하는 작업들로 채워져 있다. 조사와 기획, 콘텐츠 계획 수립과 실행, 그리고 결과 측정 및 보고 같은 일들 말이다. 앞서 설명했듯, 마케팅의 핵심 과업들은 여러 세부 업무가 묶인 형태이며, 콘텐츠 마케팅, 소셜미디어 운영, 그로스 마케팅, 브랜드 마케팅 등 대부분의 과업을 이루는 세부 업무는 시장 조사, 경쟁 분석, 키워드 조사, 콘텐츠 기획, 콘텐츠 제작 관리, 자사(온드) 채널과 외부 노출(언드) 채널, 유료(페이드) 채널을 통한 콘텐츠 배포 관리처럼 정형화된 범주로 나뉜다. 이 모든 업무에는 많은 시간과 노력이 들어가며, 그중 많은 업무는 순차적으로 진행할 수밖에 없어 그만큼 상당한 시행착오를 거쳐야 한다. 이 상황에서 AI가 마케팅에 필요한 분석과 판단, 창작물 제작을 지원하는 수준을 넘어 마케팅 직무를 이루는 여러 세부 업무를 직접 처리하게 된다면 어떨까?

이러한 변화의 중심에 있는 개념이 바로 AI 에이전트다. AI 에이전트란 프롬프트를 비롯해 사용자가 입력한 내용을 이해하고 그에 맞는 콘텐츠를 생성하는 데 그치는 것이 아니라, 사용자를 대신해 실제 행동까지 수행할 수 있는 LLM을 말한다. 쉽게 말해, 여행지를 알아보고 휴가 계획을 세우는 데 도움을 주는 것과 항공권, 호텔을 예약하고 결제까지 대신 처리해주는 것의 차이를 생각하면 된다. 여기서 후자의 행위가 AI 에이전트의 실행 기능에 해당하며, 이 기능은 LLM을 기반으로 작동한다.

AI 에이전트는 앞서 설명한 지능과 창의적 역량을 모두 갖춘 상태에서 인간이 부여한 목표와 권한에 따라 요청받은 일을 수행한다. 이메일을 읽고 답장을 쓰며 회의 일정까지 잡아주는 AI 비서가 필요하다면? AI 에이전트에게 맡기면 된다. AI 에이전트가 고객 세그먼트(공통된 특성에 따라 나눈 고객 집단―옮긴이)와 데이터를 바탕으로 개인화되거나 특정 고객을 겨냥한 콘텐츠를 소셜미디어에 게시하고, 회사를 대신해 디지털 광고를 집행할 수 있을까? 그렇다. 항공편, 호텔, 렌터카를 포함해 휴가나 출장 일정을 대신 잡아주는 건? 두말하면 잔소리다. 이제 AI 에이전트가 무엇을 할 수 있는지 감이 올 것이다.

지능적인 언어 모델을 기반으로 작동하고, 인터넷에 연결되어 있으며, 완전한 멀티모달 역량을 갖춘 AI 에이전트는 주요 AI 기업들이 다음 단계에서 선보일 핵심 기능으로 평가받는다. 이 에이전트들은 앞서 설명한 마케팅의 핵심 과업을 비롯해 다양한 직무를 이루는 수많은 세부 업무를 수행할 수 있을 것이다. 그 결과 AI 시스템은 고객 확보와 유지, 구매 빈도라는 핵심 영역에서 성과를 높이는 동시에 더 적은 인력으로 더 빠르게 더 많은 결과물을 낼 수 있게 만들 것이다.

게다가 2장에서 설명했듯 AI는 양적 차원뿐만 아니라 질적 차원에서도 생산성을 높인다. AI는 더 적은 자원으로 더 많은 일을 해내는 데 그치지 않고, 새로운 자원을 투입하고 프로세스를 개선해 결과물의 질까지 높일 수 있다. 이러한 변화는 다른 지식 노동과 마찬가지로 크리에이티브 분야에서도 나타날 것이다. 마케팅의 핵심 과업 중 하나인 데이터 분석을 예로 들어보면, AI가 가져올 긍정적인 연쇄 효과를 쉽게 떠올릴 수 있다. 데이터 분석에서 가장 번거롭고 어려운 업무는 데이터를 정제하고 검증하는 일이다. 오류가 있거나 정리가 제대로 되지 않은 데이터를 사용하면 잘못된 판단을 내리기 쉽다. AI를 활용해 정확하고 품질 높은 데이터를 확보하면, 데이터 분석가는 데이터 관리에 매달리기보다 데이터 분석에 더 집중할 수 있다.

이렇게 해서 마케터의 생산성이 비약적으로 높아지면, 경영진이 마케팅 조직에 거는 기대도 달라질 수밖에 없다. 오늘날 CEO나 CMO, 사업 책임자들이 마케팅팀이나 대행사에 투입하는 자원과 그에 따른 투자수익률ROI을 검토할 때 자주 부딪치는 문제는, 데이터 분석과 인사이트 도출, 창작물 제작에 이르는 모든 영역을 감당할 만큼의 자원이 부족하다는 점이다. 게다가 ROI가 불확실한 상황에서는 무작정 예산을 쏟아붓는다고 해서 더 좋은 성과가 나오리라 기대하기도 어렵다. 그러나 향후 몇 년 안에 이 시스템이 가져올 생산성 혁신을 고려하면, 마케팅은 늘 자원에 쪼들리는 결핍의 영역에서 많은 성과를 기대할 수 있는 풍요의 영역으로 탈바꿈할 것이다.

개인화

소비자를 진정으로 개인화된 방식으로 타기팅하는 것은 마케터들이 오랫동안 품어온 숙원이다. 현실에서 마케터들은 마케팅 캠페인을 기껏해야 몇 가지 버전으로 제작한 다음, 배포 플랫폼을 통해 특정 고객 세그먼트(비슷한 특성을 기준으로 분류한 고객 집단—옮긴이)에 전달하는 데 그친다. 그나마 대규모의 개인화에 가장 근접했다고 볼 수 있는 마케팅 방식은 페이스북, 인스타그램, 틱톡, 유튜브 같은 플랫폼에서 데이터 기반 타기팅과 프로그래매틱 방식을 활용해 유료 디지털 광고를 집행하는 것이다. 하지만 이조차도 많아야 몇 개의 게시물이나 광고가 적절한 고객 세그먼트에 도달하도록 관리하는 수준에 가깝다. 여기서 말하는 '진정한 개인화'란 고객을 아주 작은 단위로 세분화한 다음, 각 세그먼트에 맞는 메시지와 창작물을 제작해 전달하는 것이다.

그렇다면 왜 진정한 개인화는 브랜드들이 일상적으로 활용하는 마케팅 기법이 되지 못한 채 숙원으로만 남아 있을까? 현재로서는 막대한 시간과 자원을 들여야 하기 때문이다. 진정으로 개인화된 마케팅을 실행에 옮기기 위해서는 AI를 기반으로 고객을 분석해 적절한 고객 세그먼트를 만들고, 모든 세그먼트에 맞는 콘텐츠를 따로 제작한 다음, 이를 해당 세그먼트에 노출하고, 성과를 측정해 그 결과를 다음 캠페인에 반영하기까지 해야 한다. 그리고 당연하게도 이 과정은 한 번으로 끝나지 않는다. 마케팅 조직은 보통 인력이 충분하지 않고 대행사를 마음껏 활용할 여력도 없는데 무슨 수로 이 모든 일을 해내겠는가? 기술 부서에 개인화에 필요한 시스템을 만들어달라고 요청하면 될까? 이 또한 현실적으로 어려운 일이다. 기술 부서도 이미 데이터 시스템이나 보안, 웹·모바일 UX, 전사 시스템에 산적한 과제로 허덕이고 있기 때문이다. 그러다 보니 진정한 개인화는 여전히 마케터들에게 잠재적인 가능성으로만 남아 있다.

　　　　　　　　　　　　　　2부 AX 혁명

하지만 이러한 상황은 머지않아 달라질 가능성이 크다. 지금까지 살펴본 AI 시스템의 역량을 고려하면, 마케터가 단계별 지시를 담은 프롬프트를 다음과 같이 말로 전달하기만 해도 AI가 이를 실행에 옮기는 모습을 어렵지 않게 그려볼 수 있다.

• 기존에 가장 성과가 높았던 고객과 심리적 특성이 유사한 고객을 기준으로 잠재력이 가장 높은 고객 세그먼트 3개를 도출해줘. 우리가 AI로 만든 가상의 고객 페르소나도 분석해서 같이 반영해주고. 그런 다음 광고비 대비 수익을 고려해서 해당 세그먼트에서 가장 좋은 반응을 이끌어낼 콘텐츠, 메시지, 가격 전략을 만들도록 크리에이티브 에이전트 팀을 꾸려줘. 이어서 다른 AI 검수·테스트 팀이 결과물을 검토해 최적화하도록 한 뒤, 해당 세그먼트가 이용할 가능성이 큰 소셜미디어, 웹, AI 검색 플랫폼에 광고를 게시해줘. 지금 올리는 예산과 투자수익률 가이드를 준수하고, 앞으로 2주 동안 하루 두 번씩 성과와 조정 내용을 보고해줘.

하지만 이는 어디까지나 오늘날 우리가 생각하는 개인화의 정의와 틀에 맞는 사례일 뿐이다. 앞으로는 개인화의 의미 자체가 빠르게 바뀌고 확장될 가능성이 크다. 우리는 소비자들이 다양한 AI 시스템과 소통하는 시대로 들어서고 있으며, 양자는 이미 실시간 1:1 대화라는 개인화된 방식으로 상호작용하고 있다. 이러한 환경에서는 마케터가 일하고 사고하는 방식 역시 달라질 수밖에 없다. 마케터는 광고를 어떤 고객 세그먼트에 노출할지를 고민하는 데서 벗어나 개인화되고 맞춤화된 광고가 고객과 상호작용하며 살아 움직이도록 만들 방법을 고민할 것이다. 이는 지금까지 구현할 수 없었던 접근 방식으로, 마케팅을 완전히 새로운 관점에서 바라보게 하는 변화다. 몇 가지 예를 통해 미래 마케팅의 모습을 점쳐보자.

미래에는 디지털 광고의 개념 자체가 지금과는 전혀 다른 형태로 바뀔 것이다. 고도로 지능적이고 상호작용이 가능한 AI 시스템이 고객 지원을 위해 실시간으로 소비자와 소통할 수 있다면, 광고 역시 같은 방식으로 작동하리라 상상해볼 수 있다. 예를 들어 유튜브나 인스타그램 릴스를 보던 중에 광고가 나오면서 영상이 끊기는 상황을 생각해보자. 미래에는 지금처럼 시청자를 타기팅한 광고가 흘러나오는 것이 아니라, AI 모델이 등장해 신제품에 대해 들어본 적 있냐고 말을 걸지도 모른다. 게임 업계에서는 이미 스마트폰, 태블릿 같은 터치스크린 기기에서 광고가 곧 게임의 체험판 역할을 하는 상호작용형 광고를 활용하고 있다. 장차 AI 기술이 발전하면 영상 광고 역시 이러한 방향으로 진화할 수 있다. 가령 미식축구 경기를 스트리밍으로 시청하던 중 광고 시간에 흔히 나오던 보험사의 광고 영상 대신 해당 브랜드의 모델이나 유명 미식축구 선수를 본뜬 AI가 등장해 시청자의 관심을 끌 만한 주제로 말을 건다면 어떨까? 이 AI는 꼭 보험 상품을 직접 판매하지 않더라도 에이전트 기능을 활용해 보험의 견적을 제시하거나 시청자가 현재 가입한 보험과 비교해주기도 하며, 미식축구와 관련한 이야기를 나누며 브랜드에 대한 친밀감을 쌓을 수도 있다. 이러한 형태의 광고는 현재의 AI 기술로도 거의 구현 가능하며, 향후 몇 년간 기술이 더 발전하면 머지않아 현실이 될 것이다.

여기에 더해 앞으로는 광고뿐만 아니라 엔터테인먼트와 업무·학습용 콘텐츠 역시 고도로 개인화된 맞춤형 콘텐츠 위주로 바뀔 가능성이 크다. 애플 비전 프로 같은 몰입형 기기와 대형 화면, 입체 음향으로 넷플릭스를 시청하는 것도 콘텐츠를 실감 나게 즐기는 방법이지만, 다가올 AX 시대에는 많은 사람이 맞춤 제작된 영화와 음악을 소비할 것이다. 그런가 하면 헬스장에서는 AI 개인 트레이너가 운동을 도와주고, 교육 현장에서는 AI 개인 튜터가 학습을 지원하는 일도 일상화될 것이다.

맞춤형 영화와 음악을 언급한 김에 이 주제를 더 자세히 살펴보자. 영화나 음악을 '맞춤 제작'한다는 게 대체 무슨 뜻일까? 그리고 이는 현실과 얼마나 가까운 이야기일까? 먼저 음악의 경우는 지금도 이미 맞춤 제작이 가능한 상황이다. 수노^{Suno}나 유디오^{Udio} 같은 플랫폼에서는 장르, 템포, 보컬 스타일, 가사 주제 등 원하는 조건을 입력하기만 하면, 20여 초 만에 완전히 새로운 곡을 만들어준다(물론 AI가 만든 앨범 커버 이미지까지 함께 제공한다). 이들 플랫폼의 학습 방식이 법적·윤리적으로 정당한가 하는 문제는 잠시 제쳐두자(이는 LLM이나 AI 이미지·영상 생성 플랫폼에도 해당하는 문제다). 여기서 중요한 것은 이러한 기술이 이미 현실에 존재한다는 사실이다. 이제는 원한다면 누구나 자신의 취향에 꼭 맞는 음악을 만들어낼 수 있다. AI로 맞춤형 영상을 제작하는 일도 시간문제다. 앞서 살펴보았듯, 미술과 사진 분야에서는 미드저니, 달리, 라마 같은 도구들이 이를 현실로 만들었다. 이제 필요하면 그때그때 맞춤형 콘텐츠를 만들어내는 시대가 열린 것이다.

맞춤형 영화의 경우는 아직 시간이 더 필요하겠지만, SF 영화에서나 볼 법한 먼 미래의 일은 아니다. 오픈AI와 구글은 이미 텍스트를 기반으로 영상을 생성하는 도구인 소라^{Sora}와 베오^{Veo}를 선보였다.

두 모델은 짧은 텍스트 설명만으로도 실사처럼 생생한 30초 분량의 영상을 즉시 생성할 수 있으며, 여기에 더해 스토리보드 작성, 영상 편집, 내레이션, 배경 음악 같은 기능들까지 추가되고 있다. AI가 한 단계 더 발전하면, 맞춤형 음악에 이어 맞춤형 영상과 다큐멘터리, 쇼 프로그램도 얼마든지 만들어낼 수 있을 것이다.

그리고 이 모든 발전은 개인화라는 개념과 그 의미마저 바꿔놓을 것이다. 마케터들의 오랜 숙원을 비롯해 지금까지 설명한 개인화의 정의가 더 이상 유효하지 않다는 뜻은 아니다. 다만 이러한 방식의 개인화는 AI 시스템이 분석과 창작, 실행까지 대신 수행하면서 더 많은 조직이 활용할 수 있는 보편적인 수단이 될 가능성이 크다. 여기에 더해 앞으로는 고객에 맞춰 상호작용하며 살아 움직이는 광고처럼 실시간으로 이루어지는 새로운 형태의 개인화가 가능해질 것이다. 일상에서 AI 트레이너와 AI 튜터에게서 배움을 얻고, AI 파트너나 특정 브랜드를 대표하는 AI와 소통하듯 광고와도 상호작용하는 시대가 열리는 것이다.

개인화에 대한 논의를 마무리하기 전에, 반드시 짚고 넘어가야 할 점이 있다. 고도로 맞춤화된 광고와 살아 움직이는 광고를 가능케 하는 AI 기술은 동시에 허위정보와 사기, 딥페이크의 급격한 확산을 초래할 수도 있다. 지금까지 이야기한 모든 AI 기술은 일반 소비자뿐 아니라 이를 악용하려는 범죄자의 손에도 들어갈 수밖에 없다. 따라서 범죄자나 사기꾼, 비윤리적인 개인들이 그럴듯한 피싱 사기를 벌이거나 동료나 친구, 가족의 딥페이크를 만들거나 사적인 목적을 위해 허위정보를 퍼뜨리는 일은 어느 때보다 쉬워질 것이다. 지금도 AI를 활용하면 실제로 일어나지 않은 사건을 사진·영상·음성으로 만들어낼 수 있으며, 그 완성도는 놀라울 만큼 뛰어나다. 오늘날의 AI 기술로도 이 정도의 일을 해낼 수 있다면, 앞으로 어떤 문제가 벌어질지는 쉽게 짐작할 수 있을 것이다.

따라서 미래의 소비자들은 콘텐츠를 접할 때 경계심을 가지고 사실 여부를 꼼꼼히 검증하며, 지금보다 훨씬 더 비판적인 태도를 보일 것이다. 기술이 이 문제를 해결하는 데 어느 정도 도움을 줄 가능성도 있다. 예를 들어 미래에는 사람들이 소비하는 거의 모든 콘텐츠를 자동으로 걸러주는 스팸 필터 기술이 등장할 수 있다. 그러나 자동으로 전달되는 콘텐츠가 아니라 사용자가 직접 찾아보는 소셜미디어나 뉴스 콘텐츠의 경우에는 이러한 기술을 적용하기도 쉽지 않을 전망이다.

따라서 마케터들은 불필요한 정보가 넘쳐나고 소비자의 경계심과 불신이 커지는 상황을 극복하기 위해 맞춤형·상호작용형 광고를 더욱 전략적·혁신적인 방식으로 설계해야 한다. 이러한 환경에 지쳐 있는 소비자들에게 다가가려면 그만큼 친근하고 진정성 있으며 꾸며낸 느낌이 들지 않는 광고가 필요하다. 이렇듯 미래의 광고와 캠페인은 지금보다 훨씬 높은 기준을 충족해야 하지만, 그 기준을 넘어서기만 하면 오늘날과는 비교할 수 없는 수준의 마케팅 효과를 가져올지도 모른다.

AI 시스템의 관리자

앞으로 5년 안에 AI가 간단한 지침만으로도 마케팅 업무의

95퍼센트를 수행할 수 있게 된다면, 마케터가 하는 일은 어떻게 달라질까?

우리는 마케팅 업무의 중심이 목표 설정과 예산 관리, 맥락 제공, 피드백 제공(물론 피드백을 제공하는 일조차 AI 에이전트가 담당할 가능성도 있다), 반복적인 개선과 최적화로 옮겨갈 것이라 본다. 이는 곧 마케터의 역할과 직무 범위가 달라진다는 뜻으로, AI 시대에 마케터는 AI 시스템의 관리자가 될 것이다. 그렇다고 해서 마케터나 대행사의 수가 반드시 크게 줄어들 것이라는 말은 아니다(물론 그렇게 될 가능성을 배제할 수는 없다). 그보다도 이는 마케터들이 현재의 자원과 역량으로는 시도조차 하기 어려웠던 일까지 해낼 수 있다는 의미에 가깝다. 곰곰이 생각해보면, 오늘날 대부분의 마케터는 앞서 나열한 필수 과업의 절반조차 제대로 해내기 어렵다. 마케팅팀은 보통 많은 인력을 꾸릴 여력이 없으며, 실력 있는 마케팅·크리에이티브 대행사를 계속 이용할 형편도 되지 않는다. 그러나 앞으로 마케터들은 AI 마케터로 이루어진 가상의 팀을 꾸려 AI 대행사처럼 활용할 수 있으며, AI 시스템을 제대로 운영하고 관리하기 위해 여전히 많은 일을 해야 할 것이다. 다만 마케터가 마케팅 관리자로서 제 역할을 하려면 새로운 전문성과 기술, 역량을 익혀야 한다. 자신이 무엇을 요청하는지조차 이해하지 못한 채 AI에게 일을 맡길 수는 없으며, 이는 인간으로 이루어진 마케팅팀이나 대행사에 일을 맡길 때와 다르지 않다.

이에 따라 AI 시대에는 마케터에게 상대적으로 덜 중요하다고 여겨지던 역량들이 오히려 가장 중요한 능력이 될 수 있다. 특히 전략적으로 사고하고, 업무를 지휘·위임하고, 결과를 검토하고 최적화하는 능력은 미래의 마케터에게 핵심 역량이 될 가능성이 크다. 마케팅 업무를 수행하는 주체가 인간에서 AI로 옮겨가고, 인간은 그 일을 지휘하는 역할을 맡으면서 AI 시스템의 역량을 깊이 이해하는 마케터는 지금보다 훨씬 가치 있고 유능한 인재로 평가받을 것이다.

이는 쉽게 받아들일 만한 단순한 이야기가 아니다. 이 장의 서두에서 말했듯, 한 걸음 물러서서 이러한 변화에 어떤 의미가 있는지 차분히 살펴보기란 결코 쉬운 일이 아니다. 하지만 지레 겁부터 먹을 필요는 없다. 마케터가 처음부터 다시 교육을 받거나 지금과는 전혀 다른 일을 해야 한다는 이야기도 아니다. 앞으로는 전략을 세워 관리하고, 업무를 위임하고, 결과를 검토하고, AI 시스템을 이해하는 능력이 더욱 중요해질 뿐, 마케팅이라는 직무의 근본적인 목적 자체는 바뀌지 않을 것이다. 그리고 AI 시대에 마케팅 환경은 늘 자원이 부족한 상태를 벗어나 기회와 가능성으로 가득할 것이다. AI 시대로 전환하는 과정에서 상당한 혼란이 벌어지고 AI가 일부 역할을 대신할 가능성을 부인하려는 것은 아니다. 다만 우리는 이를 위기가 아닌 기회로 바라보고자 한다. 기술 혁신과 DX를 이끄는 리더로서 우리가 쌓아온 경험에 비추어 보면, 이러한 변화는 호기심과 비전을 품고 새 기술을 적극적으로 받아들이는 리더들에게 더 많은 기회와 혁신을 가져다주곤 했다. 마케터와 크리에이터에게도 AI 시대로의 전환은 커리어를 새롭게 시작하거나 한 단계 도약할 수 있는 일생일대의 기회가 될 것이다.

5장

AI는 기술이 아니라 문화다

이 책을 연재 단계에서 접하지 않고 단행본으로 읽고 있는 독자라면, 우리가 이 장에서 또 한 번 중요한 전환점을 맞았다는 사실을 알아둘 필요가 있다.

이 장에 이르러 우리는 책의 나머지 부분을 어떻게 풀어갈지를 놓고 두 갈래 갈림길에서 고민했고, 이 사실을 독자 커뮤니티에 알렸다. 하나는 지금까지 그랬듯 기술 자체에 중점을 두고, AI 시대에 대한 전망을 바탕으로 마케팅과 브랜드 구축 전략을 더 깊이 파고드는 길이다. 이 길을 택하면, 여러 분야의 최고 전문가들을 만나 이야기를 듣고 비즈니스와 브랜드 전반에 단기적·중장기적으로 어떤 변화가 일어날지를 계속 전망할 예정이었다.

다른 하나는 방향을 돌려 독자들이 처한 상황에 더 집중하는 길이다. 요컨대, "좋아요, 이제 AI에 관심도 생겼고 AI가 왜 중요한지도 이해가 갑니다. 그렇다면 이제 우리 브랜드나 조직은 뭘 해야 한다는 뜻인가요?"라고 묻는 독자의 시선을 논의의 출발점으로 삼는 것이다. 후자를 택하면, 구체적인 사례를 통해 이 모든 변화에 어떻게 대응해야 하는지를 이야기할 생각이었다. 여기서는 특히 우리와 같은 관점에서 AI 시대를 전망하며, 그에 맞춰 조직을 운영하고 브랜드를 구축하는 방식을 바꾼 브랜드와 리더들의 사례를 제시하고자 했다.

우리는 고민 끝에 후자를 선택했고, 독자 커뮤니티 역시 이 선택을 전적으로 지지했다. 여기에는 분명한 이유가 있었다.

이 책의 서두로 돌아가, 5년 안에 마케팅 업무의 95퍼센트를 AGI가 처리할 것이라는 샘 올트먼의 전망을 떠올려보면, 앞서 이야기한 것과 같은 시급한 물음을 마주하게 된다. "그렇다면 우리는 지금 당장 무엇을 해야 하는가?" 앞으로 몇 년간 AI가 어느 정도로 발전할지 불확실한 상황에서 이 중대한 변곡점을 헤쳐나가기 위해서는 새로운 사고방식과 실행 전략이 필요하다.

지난 몇 달간 우리의 AI 여정을 함께 고민해온 이들을 포함해 여러 비즈니스 리더와 대화를 나누는 과정에서 한 가지 분명해진 사실이 있다. 이 책에 실린 모든 인터뷰는 저마다 결정적인 깨달음의 순간을 담고 있다는 것이다. 리드 호프먼, 빌 게이츠 같은 업계의 리더들은 AI라는 기술의 힘과 이것이 곧 현실에 미칠 영향에 큰 충격을 받았다. 그들은 우리와 마찬가지로 지금은 늦기 전에 행동에 나서야 할 때라고 생각했다. 이러한 이유에서 우리는 출판사에 이 책의 제목을 『전율의 순간: 기업과 브랜드를 위한 AI 실행 전략』으로 하자고 제안하기까지 했다. 출판사 역시 우리의 취지에는 공감했지만, 우리가 제안한 제목은 서문에 담는 것으로 하고, 더 넓은 독자층을 고려해 다른 방식으로 접근하자고 제안했다.

그리하여 우리는 다음 물음에 답하는 데 초점을 맞춰 새로운 제목을 구상했다. 그래서 지금 당장 무엇을 해야 하는가? 행동에 나서야 할 때라는 건 알겠는데 구체적으로 무엇을 하라는 것인가? 이 장은 이러한 물음에 답하기 위한 출발점이다. 이제부터 우리는 독자들이 지금까지의 논의를 토대로 자신만의 여정을 시작하도록 AI 퍼스트 조직을 만드는 데 필요한 실행 전략을 본격적으로 다룰 것이다.

우리는 AI가 비즈니스, 브랜드, 리더십에 어떤 영향을 끼치는지를 두고 함께 이야기해온 독자 커뮤니티의 의견을 반영해 이 책의 제목AI FIRST과 부제The Playbook for a Future-Proof Business and Brand를 정했다. 이 제목에는 독자들이 하루빨리 행동에 나서야 한다면 가장 먼저 해야 할 일이 무엇인지를 담았다. AI 시대를 헤쳐나가기 위해서는 무엇보다 먼저 생성형 AI를 조직의 구조와 문화, 일상 업무에서 브랜드를 만들어가는 과정에 어떻게 통합할 것인지에 초점을 맞춰 사고방식을 전환하고, 각자의 조직에 맞는 실행 전략을 마련해야 한다.

특히 강조하고 싶은 것은 지금은 더 이상 변화를 미룰 수 없는 시점이라는 사실이다. AI는 이미 세상을 바꾸고 있지만, 비즈니스 리더들은 대부분 이 중대한 변화를 따라가지 못하고 있다. 이는 비단 기업만이 아니라 기업의 직원과 정부를 포함한 모두의 문제다. 우리 자신은 물론이고 우리가 인터뷰한 리더들 역시 AI의 혁신적인 힘을 제대로 활용하기 위해서는 지금 당장 행동에 나서야 한다고 믿는다.

물론 미래에 어떤 일이 벌어질지는 100퍼센트 확신할 수 없으며, 언론에서는 AI가 가져올 문제를 우려하는 보도도 어렵지 않게 찾아볼 수 있다. AI는 분명 기회와 위기를 동시에 가져오겠지만, 그렇다고 하더라도 우리는 기회가 위기보다 기댓값이 더 크리라 본다. AI는 인간의 생산성과 창의성, 판단 능력을 비약적으로 끌어올릴 전례 없는 기회를 제공하며, 인간의 역량을 크게 확장하고 산업 전반에서 혁신을 촉진할 수 있다. 다만 윤리적 문제와 AI가 일자리나 기후에 미치는 영향을 간과해서는 안 되며, AI 시대에 새로운 역량을 익히고 변화에 적응하는 것 역시 결코 쉬운 일은 아니다.

이 여정에서 우리는 여러 기업의 CEO와 CMO, CRO(최고위험책임자)를 비롯한 비즈니스 리더들과 함께 이 중대한 전환점에 어떻게 대응하는 것이 최선인지를 고민해왔다. AI의 현재 역량을 정확히 이해하고 앞으로의 발전을 예상할 수 있다면, 기업은 AI를 전략적으로 통합해 의사결정 능력과 창의성, 운영 효율을 높일 수 있다. 하지만 이를 위해서는 반드시 따라야 할 두 가지 원칙이 있다.

- 첫째, 지금 당장 시작해야 한다.
- 둘째, AI를 최우선 순위에 두어야 한다.

AI 시대에 경쟁에서 뒤처지지 않기 위해서는 이 두 가지 원칙을 명심해야 한다. 이것이 바로 우리가 이 책에서 강조하려는 핵심 메시지다. AI가 끊임없이 발전하는 가운데, 우리가 이 여정에서 얻은 교훈은 비즈니스 리더들이 변화하는 환경을 헤쳐나가도록 이끄는 길잡이가 될 것이며, AI의 잠재력을 온전히 활용해 혁신을 주도하고 경쟁력을 유지하도록 도울 것이다.

AI 퍼스트 사고방식으로의 전환

AI 퍼스트는 하나의 사고방식이자 실행 전략이다. 먼저 사고방식부터 살펴보자. AI 퍼스트 사고방식의 의미를 이해하려면 조직 차원의 논의로 들어가기 전에 먼저 개인의 사고방식부터 짚어보는 편이 도움이 된다.

일례로 앤디의 아들 주드가 진로에 대한 조언을 구했을 때, 우리는 우선 AI를 기본 전제로 놓고 다음 단계를 고민하라고 권했다. 이러한 접근 방식은 기술이나 예술, 혹은 다른 어떤 분야의 진로를 선택하든 간에 도움이 된다. 진로를 본격적으로 설계하는 시기에 있던 주드는 중요한 판단을 내리거나 아이디어를 도출하거나 계획을 세울 때 AI를 적극적으로 활용하면 자신의 경쟁력을 키울 수 있으리라 보았다. 2년이 지난 지금, 주드는 대학 과제와 인턴 업무에 AI를 두루 활용해 생산성을 크게 높이고 있다. 이렇듯 이제는 전 세계 수많은 사람이 AI와 LLM을 통해 새로운 역량을 빠르게 익혀 곧바로 실무에 적용하고 있다.

주드처럼 AI에 익숙한 사람들은 AI를 개인 비서처럼 활용한다. 브래들리 쿠퍼 주연의 영화 〈리미트리스〉에서 주인공은 뇌의 기능을 극대화하는 알약을 먹고 인지 능력을 비약적으로 끌어올려 모든 일에서 엄청난 성과를 거둔다. AI를 개인 비서로 활용하는 사람들은 영화 속 알약을 먹은 것처럼 자신의 능력을 한 단계 끌어올릴 수 있다.

와튼스쿨의 이선 몰릭 교수는 「들쭉날쭉한 기술적 경계를 헤쳐 나가기」Navigating the Jagged Technological Frontier라는 연구에서 AI 퍼스트 사고방식을 가진 젊은 직장인들이 특정 직무와 산업을 가리지 않고 전반적인 업무 능력에서 큰 우위를 보인다고 분석한다.[1] 이러한 경향은 위에서 누가 시킨 것이 아니라 아래에서부터 자연스럽게 형성되며, 젊은 직장인들은 AI를 활용해 일을 더 빨리 끝내고 개인 시간을 확보하면서 적은 노력으로도 높은 성과를 내고 있다. 이 같은 현상은 미국 전역의 대기업에서 나타나고 있지만, 정작 상사들은 이를 인식하지 못하는 경우가 많다.

예를 들어, 미국의 어느 대형 은행에서 일하는 한 직원은 AI를 활용해 일주일 치 업무를 하루 반나절 만에 끝낸 뒤, 남은 시간에는 유튜브로 AI 관련 영상을 보며 공부한다. 이 직원은 여러 고객의 재무 성과를 정리한 스프레드시트를 분석하고 관리하는 업무를 맡고 있으며, 주와 월 단위로 같은 작업을 반복한다. 그는 챗GPT를 활용해 이러한 반복 업무를 상당 부분 자동화했고, 결과물의 질과 양 모두에서 동료들을 앞서는 성과를 냈다. 상사들은 그의 성과에 만족하고 있지만, AI를 활용하는 것이 그 비결이라는 사실은 알지 못한다.

AI 퍼스트 사고방식을 가진 사람들은 업무는 물론 일상에서도 매일 AI를 활용한다. 이들은 노력과 학습을 통해 발전할 수 있다고 믿는 성장형 사고방식을 바탕으로 AI의 가능성을 탐색하고 새로운 기술 플랫폼을 실험한다. 또, 이들은 AI가 오랫동안 자신을 가로막던 한계를 극복하고 기존에 주어졌던 역할을 넘어설 수 있게 해준다는 사실을 잘 안다. AI 퍼스트 사고방식을 지니고 있다면, 예컨대 회계사가 디자인 작업까지 직접 해내거나 커뮤니케이션 전문가가 파이썬으로 코드를 작성하는 일도 가능하다. 이는 AI를 자신의 전문성과 인지 능력을 확장하는 도구로 삼아 일상적으로 사용한 경험이 있을 때라야 비로소 가능한 일이다.

AI 퍼스트 사고방식을 가진 소수의 인재가 모여 힘을 합치면 의사결정의 질과 업무의 속도, 결과물의 완성도가 크게 향상되며, 이러한 효과는 시간이 갈수록 누적된다. 예를 들어, 한 AI 기반 마케팅 기업에서는 AI 퍼스트 혁신가들로 이루어진 팀이 회사의 디지털 광고 전략을 근본적으로 바꿔놓았다. 이들은 AI가 제공하는 인사이트를 활용해 고객 데이터를 빠르게 분석하고, 이전과는 비교할 수 없을 만큼 정교한 방식으로 고객을 세분화했다. 또, 브레인스토밍 과정에서는 AI가 생성한 보고서가 새롭게 떠오르는 트렌드를 포착해냈고, 팀은 이를 즉시 전략에 반영했으며, 그 결과 일주일 만에 고객 유입을 20퍼센트 끌어올리는 성과를 냈다. 그리고 이들은 시간이 지날수록 더 정확한 판단과 빠른 실행을 통해 더 의미 있는 결과물을 만들어냈다. 이 사례는 업계에 새로운 기준을 세웠으며, AI를 중심으로 한 협업이 얼마나 큰 변화를 만들어낼 수 있는지를 보여줬다. 우리는 그동안 만난 다른 AI 퍼스트 조직들에서도 비슷한 정도로 생산성이 향상된 것을 확인했으며, 뒤에서도 이러한 사례들을 소개할 것이다.

AI는 기업이 더 많은 일을 빠르고 효율적으로 처리할 수 있게 한다. 예를 들어 AI 챗봇은 24시간 내내 고객 문의를 처리하며, 머신러닝 알고리즘은 방대한 데이터를 신속하게 분석해 새로운 트렌드와 기회를 포착한다. AI 퍼스트 사고방식을 가진 조직은 변화에 뒤늦게 반응하는 것이 아니라 앞으로의 흐름을 내다보고 AI를 선제적으로 통합함으로써 경쟁에서 앞서 나간다.

개인이 AI를 사용할 때도 기초적인 이해 단계에서 시작해 숙련 단계를 거쳐 자유롭게 활용하는 단계로 나아가듯, 조직 역시 AI를 도입하고 활용하는 과정에서 비슷한 경로를 따른다. 표 5-1은 이러한 발

표 5-1

AI 퍼스트 사고방식의 발전 단계

단계	개인 차원의 목표	조직 차원의 목표
이해 단계	• AI를 기본적인 검색과 정보 탐색에 활용한다. • AI의 도움을 받아 간단한 이메일이나 블로그 게재용 글을 작성하기 시작한다.	• 주로 비용 절감을 위해 AI를 활용한다. • 기초적인 콘텐츠 제작에 AI를 활용한다. • 고객 지원에 AI를 활용한다(예 AI 챗봇). • 구성원들이 개인 업무에서 AI 도구를 기본적인 수준으로 사용할 수 있도록 교육한다.
숙달 단계	• 맞춤형 GPT처럼 특정 목적에 맞춘 AI 도구를 활용해 더 복잡한 작업을 수행한다(예 학습 보조, 개인 프로젝트). • 맞춤형 AI 애플리케이션을 직접 개발한다(예 어린이를 대상으로 한 교육용 게임).	• 주로 업무 흐름을 자동화하고 아이디어를 도출하는 데 AI를 활용한다. • AI를 활용해 완성도 높은 콘텐츠를 제작하고, 고객과 더 깊이 소통한다. • 여러 부서에서 AI를 통합해 생산성을 높인다. • 구성원들이 업무 목적에 따라 다양한 AI 도구를 능숙하게 사용할 수 있도록 역량을 키운다.
내재화 단계	• AI를 활용해 독창적인 해결책을 만들어낸다. • AI를 활용해 개인 프로젝트의 완성도와 생산성을 크게 끌어올린다. • AI의 역량과 한계를 깊이 이해한다.	• 주로 전략 수립, 수익성 개선, 차별화에 AI를 활용한다. • 전략적 의사결정과 자원 배분에 AI를 활용한다. • AI를 기반으로 새로운 비즈니스 모델을 만들어낸다. • AI를 활용해 조직의 수익성과 시장 내 지위에 실질적인 변화를 만들어낸다. • 조직 전체에 AI 퍼스트 사고방식을 정착시켜 지속적인 성장과 적응을 이끈다.

전 과정을 한눈에 알 수 있게 정리한 것이다. 먼저 개인의 경우를 보면, 사람들은 처음에는 AI를 구글 같은 검색 도구로 사용하다가, 이후에는 이메일이나 블로그 글의 초안을 작성하는 수준으로 발전하며, 마지막에는 맞춤형 GPT처럼 특정 목적에 맞게 AI를 설계해 사용하는 단계에 이른다. 부모나 교사가 아이들의 수학 학습을 돕는 맞춤형 게임을 만드는 것이 그 예다.

　조직의 경우도 이와 비슷하다. 기업들은 처음에는 콘텐츠 제작이나 고객 지원 같은 분야에서 AI를 활용하고, 신규 구성원들이 하나 이상의 LLM을 능숙하게 다뤄 생산성을 높이도록 하는 데 중점을 둔다. 그러나 AI 퍼스트 조직은 여기서 한 걸음 더 나아가, AI를 활용해 혁신을 이루고 새로운 비즈니스 가치를 창출한다. 최고경영진이 전략적 의사결정과 자원 배분, 시장 내 포지셔닝에 AI를 활용하기 시작하면, 조직은 AI 퍼스트로의 전환 과정에서 한 단계 진전을 이룰 수 있다. 그러나 진정한 전환은 AI가 조직의 수익성이나 시장에서의 지위에 실질적인 변화를 만들어내고 그 효과가 누적되기 시작하면서 AI 퍼스트 사고방식이 조직에 뿌리를 내릴 때 비로소 이루어진다.

　　AI 퍼스트 사고방식은 끊임없는 학습과 적응을 전제로 한다. 조직의 구성원들은 실험을 거듭하고, 성공과 실패에서 배우며, 기술 발전에 뒤처지지 않도록 대비해야 한다. 그리고 이 모든 변화는 고객 중심의 혁신을 지향해야 한다. AI는 고도화된 데이터 분석과 머신러닝을 통해 고객을 더 깊이 이해하고, 제품을 개발하거나 마케팅 전략을 세우는 과정에서 고객의 요구를 더 정확히 반영하도록 돕는다. AI를 전략과 조직 운영의 중심에 두면, 기업은 반복 업무를 자동화하는 데서 그치지 않고 예측 분석을 통해 의사결정의 질을 높이며, AI를 기반으로 새로운 제품과 서비스를 만들어내는 단계로 나아갈 수 있다. AI 퍼스트란 AI를 단순히 효율을 높이는 도구로 보는 것이 아니라 AI를 활용해 혁신과 전략의 방향 자체를 바꾸려는 태도를 말한다.

　　AI 퍼스트 사고방식을 받아들인다는 것은 곧 생각하고 일하는 방식을 뿌리째 바꾼다는 뜻이다. 조직 차원에서는 사고방식은 물론 업무 프로세스까지 바꿔야 한다. 이를 이해하기 위해서는 지난 수십 년간 많은 주목을 받았던 새로운 사고방식들을 참고할 필요가 있다. 그중에서도 캐럴 드웩Carol Dweck이 말한 '성장형 사고방식'과 에릭 리스Eric Ries가 『린 스타트업』에서 제시한 '린 사고lean thinking'를 예로 들어보자. 두 사고방식은 잠재력과 성장, 반복적인 개선, 명확한 목표를 세워 끈기 있게 추진하는 태도를 강조한다. AI 퍼스트 사고방식은 이러한 특징을 이어받는 동시에 한 단계 더 나아간 형태라 할 수 있다. 성장형 사고방식과 린 사고를 결합한 다음 생성형 AI를 더하면 AI 퍼스트 사고방식의 토대가 만들어지며, 이것이야말로 AI의 잠재력을 제대로 끌어내기 위한 출발점이다.

성장형 사고방식

성장형 사고방식은 개인의 능력과 지능이 노력과 훈련을 통해 발전할 수 있다고 보는 것이다. 이는 개인의 능력이 태어날 때부터 정해져 있으며 쉽게 변하지 않는다고 보는 고정형 사고방식과 대비된다. 성장형 사고방식을 지닌 사람들은 도전을 피하지 않고, 좌절을 겪더라도 쉽게 포기하지 않으며, 노력을 숙달에 이르는 과정으로 받아들인다. 또한 비판에서 배우고, 타인의 성공에서 교훈과 영감을 얻는다.

비즈니스 환경에서 성장형 사고방식은 끊임없는 학습과 회복 탄력성을 중시하는 문화를 형성한다. 가령 개인이나 팀이 중대한 문제에 부딪혔을 때, 성장형 사고방식을 지닌 사람들은 이를 장애물이 아니라 혁신과 개선의 기회로 받아들인다. 이러한 태도는 AI를 비롯한 새로운 기술을 실험하고 이를 업무 흐름에 녹여내 생산성을 높이고 혁신을 이루도록 이끈다.

린 사고

린 스타트업 방법론은 만들고 검증하고 학습하는 과정을 반복함으로써 고객이 실제로 원하는 제품을 만들어 지속적인 개선과 혁신을 이루는 데 중점을 둔다. 린 사고는 먼저 해결해야 할 핵심 문제를 정의하고, '최소 기능 제품'을 개발해 가설을 검증하는 데서 출발한다. 이 접근법의 핵심은 불필요한 낭비를 줄이고, 고객의 직접적인 피드백을 통해 고객의 요구를 이해하며, 데이터와 인사이트에 따라 전략을 유연하게 전환하는 것이다.

린 사고를 보여주는 대표적인 사례로 드롭박스Dropbox를 들 수 있다. 드롭박스는 완제품을 개발하기 전에 먼저 간단한 데모 영상을 공개해 시장의 반응을 확인한다. 최소한의 자원으로 아이디어의 가능성을 검증한 뒤, 실제로 수요를 확인한 아이디어에 집중함으로써 효율적으로 제품 개발을 진행하는 것이다. 이후 드롭박스에서는 시장이 원하는 제품을 만들기 위해 고객의 피드백을 바탕으로 생산하고 검증하고 학습하는 과정을 반복하면서 고객을 중심에 두고 제품의 기능과 방향에 관한 의사결정을 내렸다.

AI 퍼스트

AI 퍼스트 사고방식은 적응과 학습을 중시하는 성장형 사고방식과 고객을 중심에 두고 반복적인 개선을 추구하는 린 사고를 결합하는 동시에, 다음과 같은 고유한 특성을 지닌다.

• 지속적인 학습과 적응: 성장형 사고방식과 마찬가지로 AI 퍼스트 사고방식은 AI 기술과 그 활용 가능성을 끊임없이 배우는 태

도를 전제로 한다. AI 퍼스트 사고방식을 지닌 조직은 성공과 실패에 연연하지 않고 실험과 시행착오를 통해 배우는 태도를 장려함으로써 기술 변화에 뒤처지지 않고 한발 앞서 나갈 수 있다.

- 고객 중심의 혁신: 린 사고와 마찬가지로 AI 퍼스트 사고방식은 고객을 출발점으로 삼는다. AI는 고도화된 데이터 분석과 머신러닝을 통해 기존의 고객 분석 방식보다 훨씬 풍부한 인사이트를 제공함으로써 고객의 요구를 더 깊이 이해하도록 돕는다. 여기에 더해 AI로 가상의 고객 페르소나와 세그먼트를 만들어 제품과 마케팅에 대한 피드백을 얻으면, 그 효과는 더욱 커진다. 이런 식으로 AI를 활용하면 제품 개발과 마케팅 전략에 고객의 요구를 더 정확히 반영할 수 있다.

- AI의 전략적 통합: AI 퍼스트 사고방식은 AI를 비즈니스 전반에 전략적으로 통합하는 것을 의미한다. 이를 통해 조직은 반복 업무를 자동화하고, 예측 분석을 통해 의사결정의 질을 높이며, AI 기반의 제품과 서비스를 개발할 수 있다. 요컨대, AI 퍼스트 사고방식을 가진 조직은 AI를 효율을 높이는 수단으로 사용할 뿐만 아니라 AI를 활용해 근본적인 혁신을 이루고자 한다.

- 확장성과 속도: AI는 기업이 더 많은 일을 빠르고 효율적으로 처리할 수 있게 한다. 예를 들어 AI 챗봇은 24시간 내내 고객 문의를 처리하며, 문의 즉시 여러 언어로 개인화된 대응을 할 수 있다. 또, 머신러닝 알고리즘은 방대한 데이터를 몇 초 만에 분석해 눈에 잘 보이지 않는 트렌드와 기회를 찾아낼 수 있다.

- 선제적 전환: 성장형 사고방식과 린 사고가 변화에 대한 적응과 민첩한 대응을 중시한다면, AI 퍼스트 사고방식은 한 걸음 더 나

아가 선제적 전환을 강조한다. 이는 변화가 일어난 뒤에 대응하는 것이 아니라, 미래의 흐름을 내다보고 한발 먼저 AI를 조직에 통합함으로써 경쟁에서 앞서나가는 것을 의미한다.

AI 퍼스트 실행 전략 적용하기

AI 퍼스트 사고방식이 자리 잡으면, 조직의 리더는 이를 행동으로 옮기기 위한 실행 전략에 따라 구체적인 조치들을 취할 수 있다. 여기서 실행 전략이 중요한 이유는 건강 관리나 체중 감량을 할 때 구체적인 계획이 필요한 이유를 떠올려보면 쉽게 이해할 수 있다. 올바른 사고방식은 분명 중요하지만, 그에 맞는 행동으로 직결되는 것은 아니다. 누구나 마음먹은 일을 행동에 옮기려면 단계별로 무엇을, 어떻게 실행할지를 구체적으로 계획해야 한다.

이 책에서 제안하는 실행 전략은 AI 퍼스트 조직으로의 전환을 시작하려는 사업부나 팀, 회사의 리더들을 위한 것이다. 이 전략은 각 조직의 상황에 따라 유연하게 적용할 수 있지만, 다음과 같이 AI를 조직에 통합하는데 필요한 기본적인 틀을 제시한다.

• AI 교육과 숙련도 확보: 먼저 조직 전체의 AI 활용 능력을 높이도록 모든 구성원을 대상으로 하는 AI 교육 프로그램을 마련해야 한다. 이 프로그램은 AI의 기본 개념과 적용 사례, AI가 다양한 업무 영역에 미칠 영향 등을 다루며, 구성원들이 AI 도구와 기술을 직접 사용해보는 실사 경험을 제공해야 한다. 이 단계가 가장 앞에 올 만큼

중요한 이유는 실행 전략의 나머지 항목들을 뒷받침하는 전제 조건이기 때문이다. 또, 이는 AI를 조직 전체로 확장하는 데 필요한 거버넌스와 운영 체계를 마련하는 데에도 필수적이다. 가령 조직이 기반하는 AI 시스템이 어떻게 작동하며 그 강점과 약점은 무엇인지, AI가 조직에 가져다줄 수 있는 역량과 업무 흐름은 무엇인지를 이해하지 못한다면, 적절한 AI 사용 정책을 놓고 의견을 제시하거나 AI 관련 시범 프로젝트 중 무엇을 우선할지 판단하기 어렵다.

• AI 협의체: 여러 부서의 리더들로 이루어진 AI 협의체를 조직해야 한다. 이 협의체는 AI 이니셔티브를 추진하고, AI 관련 의사결정이 회사의 핵심 목표와 어긋나지 않도록 조율하며, 혁신 장려 문화를 조성하는 역할을 한다. 협의체의 구성원은 호기심과 열정, AI에 대한 기본적인 이해가 있는 리더여야 한다(그게 아니라면 적어도 협의체에 참여하는 동안에는 AI를 배우겠다는 의지가 있어야 한다). 협의체가 제대로 작동하려면 리더십 구조와 역할, 회의 주기, 커뮤니케이션 방식, 설립 목적, 권한 범위 등을 명확히 정해두는 것이 중요하다. 경영진의 지원 역시 필수적이지만, 경영진이 꼭 협의체의 구성원으로 참여할 필요는 없다. 또, IT와 법무 부서(필요하다면 구매 부서까지)는 협의체의 구성원으로 들어가지 않더라도 논의 과정에는 반드시 참여해야 한다. 그래야만 협의체가 충분한 정보를 바탕으로 활동하면서도 기존에 진행 중이던 다른 AI 관련 활동들과 엇박자를 내지 않으며 제 기능을 발휘할 수 있다.

• AI 사용 정책: 윤리적 기준과 데이터 거버넌스, 규제 준수 방안을 규정한 AI 정책을 수립하고 시행함으로써 책임 있는 AI 사용을 보장해야 한다. 이 정책은 구성원들이 자신감과 책임감을 가지고 AI

를 실험할 수 있도록 뒷받침해야 하며, AI를 어디까지 사용할 수 있고 어디서부터는 허용되지 않는지, 어떤 AI 도구들이 승인되는지, AI 시스템과 어떻게 협업해야 하는지를 명확히 안내해야 한다. AI 협의체는 이러한 정책을 수립하고 운영하는 과정에서 중요한 역할을 할 수 있다. 정책은 보통 자유를 제한하는 장치로 여겨지지만, 이 경우에는 그렇지 않다. 필요한 내용을 균형 있게 담은 AI 사용 정책을 마련해두면, 구성원들은 보안이나 개인정보 보호, 윤리적인 문제는 물론 회사의 다른 활동이나 전략과 충돌할 걱정 없이 더 자유롭게 시범 프로젝트를 실행하고 실험과 혁신을 추진할 수 있다. 반대로 이러한 기준이 없으면 조직이 혼란에 빠지거나 방향성을 잃어버리면서 본래 계획한 전환 과정에 차질이 생길 위험이 있다.

• 로드맵과 시범 프로젝트: 다양한 사업 영역에서 AI의 활용 가능성을 시험할 시범 프로젝트를 추진하고, 이 같은 계획을 포함하는 AI 로드맵을 수립하는 것이 좋다. 이 로드맵은 조직에 귀중한 통찰을 제공하며 AI를 더 많은 영역에 도입할 기반을 마련할 것이다. 제대로 된 로드맵을 만들기 위해서는 먼저 기존의 AI 도구와 프로젝트를 점검하고 논의해야 한다. 그다음에는 비용을 절감하고, 직원과 고객의 경험을 개선하고, 매출 창출과 제품 성장의 기회를 발굴하는 등 AI를 활용해 얻을 수 있는 효과들이 조직에 얼마나 가치 있고 중요한지를 평가해야 한다. 이러한 과정을 거친 뒤에야 비로소 AI 협의체(혹은 AI 로드맵과 시범 프로젝트를 이끄는 주체)는 어떤 프로젝트를 먼저 추진해 어떤 식으로 운영할지를 합리적으로 판단할 수 있다.

• AI 평가와 AGI 대응 프로세스: AGI 혹은 그에 근접한 중간 단계의 AGI가 향후 몇 년 안에 구현될 가능성을 고려하면, 기업과 AI

협의체는 AGI가 어느 정도 발전해 있으며 조직은 그에 얼마나 잘 준비하고 있는지를 정기적으로 평가하는 것이 바람직하다. 미래의 변화를 예측하고 AGI 시대로의 전환을 전략적으로 준비하기 위해 AGI 대응 프로세스를 도입하면, 장기적인 관점에서 미래를 대비할 수 있을 뿐만 아니라 현재의 기술로 무엇이 가능한지(혹은 무엇이 곧 가능해지는지)를 가늠할 수 있다. 이는 AI 로드맵을 논의할 때도 큰 도움이 된다.

모든 기업이 이 실행 전략을 하루아침에 조직 전체에 적용할 수 있거나 그렇게 하기를 원하지는 않을 것이다. 뒤에서 다시 이야기하겠지만, 각 조직은 저마다 고유한 문화와 사업적 과제를 가지고 있으며, 변화를 추진하는 역량과 경영진의 지원 수준, 전환 속도에도 차이가 있다.

한 가지 덧붙이자면, 우리는 스타벅스와 마이크로소프트 같은 대기업의 DX를 수행한 경험을 바탕으로 이 실행 전략을 개발했지만, 오랫동안 이 분야를 이끄는 리더로서 중요한 통찰을 제시해온 마케팅 AI 인스티튜트의 폴 로처에게 많은 도움을 받았다. 그는 기업이 AI 리터러시와 활용 능력을 키우고 AI 거버넌스를 갖출 수 있도록 체계적인 프로세스를 마련하는 것이 얼마나 중요한지를 일찍부터 강조해왔다.

실행 전략의 유연한 적용

앞서 살펴보았듯, 모든 조직에 통용되는 만능 해법은 없다. AI 퍼스트 조직으로 나아가기 위해서는 체계적이면서도 유연한 실행 전략이 필요하다. 앞서 말했듯 기업은 규모와 산업, 기술을 받아들이는 수준, 변화에 대한 태도, 리더십 구조가 저마다 다르다. 어떤 리더는 AI 퍼스트 문화를 강하게 밀어붙이는 쪽을 선호하는 반면에 어떤 리더는 천천히 기초를 다진 다음 조금씩 속도를 높이는 방식을 선호할 수도 있다. 마찬가지로 어떤 기업은 구성원들이 자발적으로 변화에 참여하는 바텀업 방식이 효과적일 수 있고, 어떤 기업은 경영진이 직접 나서서 모범을 보이는 톱다운 방식이 더 잘 맞을 수도 있다. 중요한 것은 어떤 방식을 택하든 각자가 처한 환경에서 최대한 빠르게 AI를 중심으로 조직을 운영하는 단계에 이르는 것이다.

우리가 제시한 AI 퍼스트 실행 전략을 그대로 따르지는 않았지만, 경영진이 AI 퍼스트 사고방식을 확고히 지지하고 직접 나서서 모범을 보이는 톱다운 방식으로 이를 구현한 기업이 있다. 미국의 소비자 인사이트 플랫폼 기업 수지Suzy다.

사례 연구: 수지

우리는 수지의 CEO이자 창업자인 맷 브리튼Matt Britton을 만나 대화를 나눴다. 지인을 통해 듣기로 브리튼은 일찌감치 AI 퍼스트 사고방식을 받아들이고 자신만의 AI 퍼스트 실행 전략을 만들어 행동에 옮기고 있었으며, 결과도 매우 긍정적이었다. 뒤에서 다시 이야기하겠지만, 브리튼은 AI 퍼스트 기업으로 전환하는 과정에서 경영진이 주도하는 톱다운 방식을 택했다.

브리튼이 2017년에 설립한 수지는 시장 조사 산업에 혁신을 가져왔다. 브리튼은 디지털 마케팅과 소비자 인사이트 분야에서 오랜 경험을 쌓은 창업가로, 이전에도 소셜미디어 마케팅 에이전시 미스

터유스^{Mr.Youth}, 인플루언서 콘텐츠 제작 플랫폼 크라우드탭^{Crowdtap} 등 여러 회사를 창업해 성공적으로 매각한 이력이 있다. 그는 기존의 시장 조사 방식이 비효율적이라는 점을 깨닫고, 실시간으로 소비자 인사이트를 제공할 수 있는 플랫폼을 만들고자 수지를 설립했다.

수지는 수지인사이트, 수지라이브, 수지오디언스 등의 핵심 제품들을 통해 대형 B2C 브랜드에 정량 조사와 정성 조사를 제공한다. 이 플랫폼은 미국에서 100만 명이 넘는 소비자 네트워크를 구축했고, 수일, 빠르면 수 시간 내에 의미 있는 인사이트를 제공할 수 있다는 것을 강점으로 내세운다. 수지의 고객사에는 P&G, 구글, 마이크로소프트 같은 세계적인 대기업이 있으며, 이들은 경쟁 분석, 제품 개발, 소비자 피드백 수집을 위해 이 플랫폼을 활용하고 있다. 현재 수지는 300여 명의 직원을 두고 있으며, 연간 매출은 8000만 달러 수준이다.

수지의 AI 통합 과정은 이렇다. 2022년 11월 챗GPT가 출시되자 맷 브리튼과 수지의 경영진은 이를 자사 제품에 빠르게 통합하고자 했다. 그러나 초기에는 대기업 고객사들이 거부감을 보였고, 특히 해당 기업들의 법무 부서가 강하게 반발했다. 이에 따라 새로운 기술을 빠르게 받아들이는 데 익숙한 기업들이 생성형 AI를 일찌감치 도입한 것과 달리, 브리튼과 수지의 경영진은 더 신중하게 접근하기로 했다. 2023년 초부터 약 9개월 동안, 그들은 각 고객사의 사업 부문이 AI를 도입할 준비가 되었을 때 빠르게 이를 추진할 수 있도록 법적 기반을 마련하는 데 집중했다. 브리튼은 주요 고객사들의 법무 부서가 데이터 처리 계약에 서명하도록 끈질기게 설득을 이어갔다.

그러면서도 브리튼은 고객사들의 법무 부서만 AI 도입에 반대하는 것이 아니라 사업을 이끄는 책임자들 역시 주저하고 있을지 모른다고 생각했다. 그는 이러한 우려가 대기업 고객사 전반에 널리 퍼져 있으리라 보았다. 게다가 이는 수지라고 해서 예외가 아니었으며, 회사 내부에서는 법무, 영업, 개발 부서가 반발을 보였다. 법무 부서는 뚜렷한 해결책을 제시하는 데 소극적이었고, 영업 부서는 고객들의 거부 반응을 전달했으며, 개발자들은 AI의 가능성을 창의적으로 탐색하기를 망설였다. 브리튼이 보기에 당시 기업들은 AI를 두고 이런저런 논의는 많았지만, 정작 행동에 나서는 곳은 드문 상황이었다.

2024년이 다가오면서 브리튼은 수지가 기대만큼 AI를 활용하지 못하고 있다는 점에 불만족했다. 그러던 중 그는 문득 생각의 방향을 바꾸는 깨달음을 얻었다. AI 전략을 따로 세우기보다 수지의 성장을 가로막는 가장 큰 문제가 무엇인지에 집중하고, 그 문제를 AI로 해결할 방법을 찾기로 한 것이다. 브리튼은 AI가 비즈니스 전략 그 자체가 되어서는 안 되며, 비즈니스 전략을 뒷받침하는 수단이어야 한다는 결론에 이르렀다.

브리튼은 이러한 인식을 바탕으로 더 과감한 물음을 던졌다. 'AI는 리더가 혁신을 이루고 조직을 이끄는 방식을 근본적으로 바꿀 수 있지 않을까?' 그리하여 브리튼은 개발자가 아니었음에도 AI 개발에 뛰어들었고, 영업 통화를 기록·분석하는 플랫폼 공^{Gong}과 오픈AI의 언어 모델을 활용해 고객에 대한 이해와 운영 효율을 높이는 여러 AI 애플리케이션을 직접 개발했다.

브리튼이 처음 개발한 도구 중 하나는 '이탈 조기 경보 시스템'이었다. 이 시스템은 고객과의 상호작용을 분석해 불만의 징후를 감지하고, 문제가 발생할 가능성이 있으면 담당자에게 자동으로 알림을 보냈다. 또 하나의 중요한 도구인 '영업 교육 애플리케이션'은 영업 담당자가 통화를 마치면 과거 데이터를 바탕으로 효과적인 영업 전략과 개선이 필요한 부분을 짚어주며 실시간으로 피드백을 제공했다. 여기에 더해 '통화 요약 도구'는 고객과의 통화 내용을 요약하는 동시에 고객의 감정을 분석하고, 주요 논의 사항과 추가 판매 기회까지 정리해 관련 영업 팀에 공유했다.

여기서는 핵심만 간추려 말했지만, 이 모든 일이 하루아침에 술술 풀린 것은 아니다. 브리튼은 1년 동안 조직 안팎에서 나타난 저항을 법무, 데이터 보안 및 프라이버시, 개발자들의 심리적 위축, 이렇게 세 영역으로 나누어 분석하고 체계적으로 대응해나갔다. 우선 그는 데이터 보안과 프라이버시를 최우선 과제로 삼아 관련 규제를 철저히 준수했으며, 데이터 처리 계약을 빈틈없이 설계해 고객의 신뢰를 확보함으로써 법무상의 문제를 해결했다. 또, 그는 개발자들이 AI를 사용하는 데 막연한 두려움을 느끼고 있다는 점을 인식하고, 직접 AI로 눈에 보이는 성과를 만들어냄으로써 AI의 잠재력을 입증했다.

AI를 도입할 때의 어려움은 꼭 기술 자체에만 있지 않다. 서비스에 관한 약정이나 각종 계약과 규제, 그리고 궁극적으로는 사람을 대하는 일이 더 큰 장벽이 될 때가 많다. 많은 리더가 이 점을 놓치곤 하지만, AI 퍼스트 사고방식은 이러한 현실을 출발점으로 삼는다.

2023년 말까지 브리튼과 그의 팀은 이탈 조기 경보 시스템, 영업 교육 애플리케이션을 비롯한 여러 AI 도구를 개발해냈다. 그들은 이 도구들을 실제 업무에 적용하는 과정에서 실패를 겪기도 했지만, 이를 학습의 기회로 받아들이며 포기하지 않았다. 브리튼은 이를 통해 많은 것을 배웠을 뿐만 아니라 확실한 성과를 올렸다. 우선 수지의 영업 효율은 30~40퍼센트가량 높아졌다. 또, 회사는 AI 도구를 도입한 덕분에 고객과 더 긴밀히 상호작용하면서 시장의 요구에 빠르게 대응할 수 있었고, 그 결과 전년도에 큰 손실을 기록했음에도 2024년 초에는 손익분기점에 도달할 수 있었다.

브리튼의 성공은 그가 내린 몇 가지 결정과 우연한 계기들이 맞물린 결과였다. 그가 보여준 AI 퍼스트 사고방식에는 세 가지 중요한 특징이 있다.

• 톱다운 방식의 전환: 브리튼은 AI 기술을 배우고 업무에 적용하는 일에 적극적으로 뛰어들었고, 이는 조직 내부의 저항을 극복하고 AI 전환을 추진하는 데 결정적인 역할을 했다. 그는 실제 업무에 활용할 수 있는 애플리케이션을 직접 만들며 조직이 따라야 할 기준을 제시했다.

• 장애 요인을 극복하고 솔선수범하는 태도: 수지 내부에서는 법무, 영업, 개발 부서의 반발이 꽤 거셌다. 법무 부서는 고객의 우려에만 초점을 맞춘 채 해결책을 제시하는 데 소극적이었다. 영업 부서는 구매자들의 반대 의견을 전달하며 기회보다 장애 요인에 주목했다. 개발자들 역시 처음에는 AI를 창의적으로 활용하기를 주저했다. 이러한 상황을 인식한 브리튼은 직접 나서서 AI 도구를 개발하고, 구체적인 비즈니스 성과를 만들어냄으로써 AI의 가능성을 입증했다. 그 결과 조직 전반에 혁신과 지속적인 개선을 중시하는 문화가 자리를 잡았다.

• 재택근무에서 찾은 뜻밖의 기회: 코로나19 팬데믹 기간 동

안 수지는 재택근무 체제로 전환했다. 이 과정에서 회사는 공을 통해 수집한 모든 영업 통화 기록과 데이터를 중앙 시스템에 모아 관리해야 했다. 고객과의 통화 기록이나 워드 문서처럼 단순해 보이는 이 자료는 이후 수지가 보유한 독자적인 자산이 되었고, 브리튼이 AI 애플리케이션을 개발하는 데 중요한 기반이 되었다. 재택근무 환경에서는 모든 업무 정보를 클라우드에 저장해야 했는데, 이렇게 해서 모인 데이터는 이후 AI를 업무에 통합하는 일을 훨씬 수월하게 했다.

맷 브리튼이 주도한 수지의 변화는 AI 퍼스트 사고방식이 실제로 어떻게 작동하는지를 보여주는 인상적인 사례다. 수지는 초기에 나온 조직 안팎의 저항을 극복하고 AI를 전략적으로 조직에 통합하는 데 집중함으로써 운영 효율과 고객에 대한 이해를 눈에 띄게 끌어올릴 수 있었다. 이 사례는 AI 도입을 추진하는 과정에서 리더십이 얼마나 중요한지, AI가 비즈니스 운영 전반에 어떤 변화를 가져올 수 있는지를 잘 보여준다.

AI 퍼스트 사고방식으로 나아가는 여정은 끊임없는 학습과 적응, 전략적 행동이 필요한 과정이다. 이러한 사고방식을 받아들이는 개인과 조직은 AI 혁명의 최전선에서 AI가 지닌 막대한 잠재력을 기회로 바꿀 채비를 마칠 수 있다.

6장

두려움을 확신으로 바꾸는 법

이제 우리는 '리더들이 브랜드를 구축하는 과정에서 AI를 어떻게 활용해야 하는가'라는 폭넓고 흥미로우며 때로는 두렵기까지 한 주제에 대해 분명한 관점을 갖게 되었다. 그 출발점은 조직이 업무 프로세스와 제품·서비스 전반에 AI를 도입하고 확장하도록 이끄는 AI 퍼스트 사고방식이다. 그리고 조직이 이러한 사고방식에 따라 실제로 AI를 도입할 때는 다음 4가지 요소를 중심으로 기반을 마련하는 것이 중요하다.

- AI 교육과 훈련 과정을 마련한다.
- AI 활용 능력을 개발한다.
- AI 거버넌스를 도입한다.

- AI를 활용해 어떤 가치를 창출할 수 있는지를 평가하고 AI 로드맵을 수립한다.

앞장에서 살펴보았듯, 이 기초적인 실행 전략은 다음 요소들로 이뤄진다.

- 포괄적인 AI 교육과 훈련 과정을 마련해 구성원들이 생성형 AI의 역량과 한계, 발전 속도를 이해하도록 돕고, 이를 업무에 적용할 수 있도록 구체적인 사례를 함께 제시한다.
- AI 협의체를 구성한다.
- AI 사용 정책을 수립한다.
- AI 영향 평가와 AGI 대응 프로세스를 도입한다.
- AI 로드맵과 시범 프로젝트를 개발한다.

다만 이 요소들을 어떤 순서와 속도로 어느 범위까지 도입할지는 조직에 따라 달라질 수밖에 없으며, 리더들은 AI 퍼스트 실행 전략을 조직의 상황과 문화에 맞게 적용해야 한다.

우리는 이런 식으로 AI 퍼스트 조직을 만들기 위한 방법론을 구체화했으며, 이를 포럼3의 AI 부트캠프에 참여하는 고객이나 기업에서 프랙셔널 CAIO(비전임 최고AI책임자) 역할을 맡은 고객들에게 전파해왔다. 나아가 우리는 이러한 접근법을 각자의 방식으로 실천해온 리더들의 사례를 찾고, 그들에게서 배움을 얻고자 노력하고 있다. 따라서 이제부터는 다양한 방식으로 AI 퍼스트 전환을 실천해온 기업과 조직들의 사례를 구체적으로 살펴보자.

앞서 우리는 이그나이트테크의 에릭 본, 티시먼스파이어의 얼리샤 파커, 수지의 맷 브리튼이 AI 퍼스트 전환을 추진해온 과정을 살펴보았다. 에릭 본은 AI 퍼스트 실행 전략의 모든 요소를 한꺼번에 도입했을 뿐 아니라, 회사 구성원 모두가 참여해 각자의 아이디어와 진행 상황을 공유하도록 했다. 이는 실행 전략을 조직 전체에 적용해 수평적인 참여를 유도하는 바텀업 방식의 접근이다.

파커는 CMO로서 회사 전체가 아니라 자신의 부서에 AI 퍼스트 실행 전략의 핵심 요소들을 먼저 도입했고, 그 과정에서 얻은 교훈과 모범 사례를 조직 전체에 공유했다. 이는 특정 부서에서 시작해 조직 전체로 변화를 확대하는 미들아웃middle-out 방식의 접근이다.

마지막으로 맷 브리튼은 수지에서 톱다운 방식을 택했다. 그는 먼저 자신과 경영진이 AI 퍼스트 사고방식을 갖추는 데 집중한 뒤, 곧바로 업무에 사용할 수 있는 AI 도구를 만드는 일에 뛰어들었고, 이를 통해 AI 기반의 업무용 애플리케이션이 가진 힘을 구성원들에게 보여주고자 했다.

그럼 이번에는 또 하나의 놀라운 사례로 넘어가보자. 그 주인공은 미국의 교육가 살만 칸과 그가 세운 칸아카데미다. 칸아카데미는 수지와 마찬가지로 톱다운 방식을 택했다. 다만 칸과 그의 팀은 생성형 AI의 잠재력을 일찌감치 두 눈으로 확인한 덕분에 누구보다 먼저 'AI 퍼스트'라고 부를 만한 조직을 구축할 수 있었다. 그들은 AI를 중심에 두는 사고방식, 즉각적인 행동을 중시하는 성향, 기술을 활용해 조직의 목표를 실현해온 경험을 바탕으로 이 같은 전환에 나섰다.

우리는 이 책을 쓰기 위해 AI를 배우고 연구하던 중 살만 칸이 최근에 출간한 저서 『나는 AI와 공부한다』를 읽었고, 교육의 미래에 대한 혁신적이고 선구적인 통찰과 칸아카데미가 AI를 도입한 과정에 깊은 감명을 받았다. 칸아카데미처럼 AI를 핵심 제품에 도입하기 위해 빠르게 행동에 나선 조직은 찾아보기 어려울 정도다. 우리는 그를 만나 어떻게 이러한 변화를 추진했고 그 과정에서 실제로 무슨 일이 있었으며, 그로부터 무엇을 배울 수 있었는지에 관한 이야기를 들었다. 칸의 가감없는 설명은 우리가 AI 퍼스트 실행 전략을 구체화하는 데 큰 도움을 줬다.

칸아카데미는 2008년 살만 칸이 설립한 비영리 조직으로 오랫동안 기술을 활용해 교육을 혁신하는 데 앞장서왔다. 그들은 "세계적인 수준의 교육을 전 세계 누구에게나 무료로 제공한다"는 목표 아래, 기술 중심의 혁신적인 접근법을 온라인 학습에 적용했다. 칸아카데미에는 현재 265명의 직원이 있으며, 전 세계 가입자 수는 1억 6500만 명에 이른다. 교육이나 학습 분야에 있는 사람에게 온라인 교육과 자기주도형 학습 도구의 선두 주자가 어디냐고 물으면, 십중팔구는 칸아카데미를 가장 먼저 언급할 것이다.

칸아카데미는 생성형 AI나 챗GPT가 대중에 공개되기 훨씬 전부터 기술을 핵심 수단으로 삼아 자신들의 목표를 실천해왔다. 생성형 AI가 등장하기 전까지 칸아카데미의 서비스는 주로 온라인 강의와 디지털 연습 문제, 개인의 학습 진도를 보여주는 웹 기반의 대시보드로 이루어져 있었으며, 학생들은 이 도구들을 활용해 교실 안팎에서 각자의 속도에 맞게 학습할 수 있었다. "2008년에 칸아카데미를 비영리 조직으로 설립했을 때, 우리가 내건 목표가 실현 가능하다고 느낀 이유는 딱 하나였어요. 기술의 접근성과 비용이 전 세계 어디서나 계속 낮아질 거라고 보았기 때문이죠."[1] 칸의 설명이다. 그는 기술이 어떤 방향으로 발전할지를 내다보고 이를 바탕으로 칸아카데미의 비전을 세웠다.

따라서 칸아카데미의 리더들은 2022년 말 AI가 챗GPT라는 구체적인 형태로 등장하기 전부터, 새로운 기술이 조직의 목표를 실현하는 데 핵심적인 역할을 할 것이라는 전제하에 의사결정을 해왔다. 그렇다면 그들은 AI 역시 처음부터 염두에 두고 있었을까? 어느 정도는 그랬지만, 지금처럼 AI를 중요하게 생각하지는 않았다.

"솔직히 말하면, AI가 이 정도로 빠르게 발전할 거라고는 예상하지 못했습니다. '언젠가는 어떤 식으로든 AI를 사용할 날이 오겠지' 하는 정도였죠. 그보다는 인터넷, 주문형 영상, 소프트웨어 같은 기술의 방향성이 중요해 보였어요. 이런 기술들은 한번 구축해두면 사용자가 늘어나도 추가 비용이 거의 들지 않는다는 점이 특히 눈에 띄었죠. 그러다가 이상적인 자기 주도 학습이란 어떤 모습이어야 하는지를 생각하게 됐습니다. 그 답은 학습자의 수준과 필요에 따라 달라지는 개인화된 교육일 수밖에 없죠. 숙달 중심의 학습 체계에서는 어떤 내용을 충분히 익히지 못하면 숙달할 때까지 반복해서 학습합니다. 우리가 피아노를 배울 때나 엘리트 운동선수가 훈련할 때는 완전히 숙달할 때까지 계속 연습하죠. 하지만 그동안 사회에서 제공하는 교육은 그런 방식을 취할 수가 없었어요. 인터넷이 등장하기 전에는 모든 사람에게 그만한 교육을 제공하려면 엄청난 비용이 들었으니까요. 2008년에야 '인터넷 기술을 활용하면 많은 사람에게 개인화된 교육을 제공하는 것도 불가능한 일은 아니겠구나' 하는 생각을 하기 시작했죠. 그때만 해도 2022년 여름 GPT-4가 보여준 것 같은 놀라운 기술이 등장하리라고는 상상도 못 했지만요."

2022년 여름, 같은 해 가을 챗GPT가 공개되어 전 세계의 이목을 끌기 전, 칸은 칸아카데미에 AI를 빠르게 도입해야겠다고 마음먹는 결정적인 경험을 했다. 칸아카데미가 기술 기반 학습에서 선도적인 위치에 있었던 덕분에, 그는 전 세계 기술 분야의 주요 리더들과 교류해왔으며, 그중에는 오픈AI의 관계자들도 포함돼 있었다. 그리하여 칸은 아직 대중에 공개되지 않은 오픈AI의 고급 언어 모델 GPT-4를 미리 사용해볼 기회를 얻었다. (참고로 이 시기는 리드 호프먼이 GPT-3.5가 공개되기 전에 GPT-4를 미리 사용해본 시기와도 겹친다.)

이처럼 남들보다 먼저 AI를 접한 칸아카데미는 기회와 위험이 동시에 존재하는 불확실한 상황을 마주했다. 많은 조직이 어느 정도 시간이 지난 뒤에야 강력한 AI 도구에 어떻게 대응할지 고민하기 시작한 것과 달리, 칸과 그의 동료들은 확립된 방법론이나 업계의 모범 사례가 전혀 없는 상태에서 느닷없이 엄청난 가능성을 가진 기술과 마주했기 때문이다. 칸은 지금도 당시의 일을 생생하게 기억한다. "챗GPT가 공개되기 무려 네다섯 달 전 일이었어요. 아시다시피 처음 대중에 공개된 챗GPT는 GPT-3.5를 기반으로 했죠. 처음 미팅에 초대받아 챗GPT를 보러 갈 때만 해도 큰 기대 없이 그냥 좀 궁금한 마음이었어요. 기술의 흐름을 지켜봐 온 사람으로서 AI가 그렇게까지 발전했을 거라는 생각은 들지 않았거든요."

하지만 GPT-4를 직접 사용해본 순간 회의감은 경이감으로 바뀌었다. 오픈AI가 비공개로 진행한 GPT-4 시연에서 칸은 LLM이 가진 마법 같은 힘을 처음으로 실감했다. 복잡한 질문에 답하고, 새로운 질문을 만들어내며, 대화의 미묘한 맥락을 이해하는 능력은 그의 예상을 훨씬 뛰어넘는 수준이었다. 그리고 이 모든 일은 칸이 가장 중요하게 생각하는 교육이라는 맥락에서 이루어지고 있었다. 오픈AI팀이 처음으로 시연한 질문은 AP 생물학 시험 문제였고, 챗GPT는 이를 깜짝 놀랄 만큼 잘 풀어냈다. 기술의 완성도에 놀라면서도 한편으로는 조금 얼떨떨하기도 했던 칸은 GPT-4를 직접 시험해보기로 했다. 그는 GPT-4가 단순히 정답만 맞힌 것이 아니라 그 이면의 추론 과정까지 이해하고 있는지 확인하고 싶었고, AI에게 설명을 요구했다. 그러자 GPT-4는 조금의 망설임이나 실수도 없이 이를 해냈다. (이는 앞에서 나온 이야기와 다시 이어지는 대목으로, 칸은 나중에 오픈AI팀이 그에게 AP 생물학 문제를 보여준 것이 우연이 아니라는 사실을 알게 되었다고 전했다. 앞서 언급했듯, 빌 게이츠는 칸이 본 것과 똑같은 광경을 바로 같은 주에 먼저 목격하고 깊은 인상을 받았다.)

"정말 미쳤다는 말이 저절로 나오는 순간이었어요." 칸은 GPT-4를 보고 우리와 똑같은 감정을 느꼈다. "GPT-4를 처음 접한 뒤, 오픈AI에서 저와 최고학습책임자CLO, CTO에게 주말 동안 GPT-4 사용 권한을 줬어요. 아직 초기 단계여서 몇 가지 문제도 있었지만, GPT-4는 당시 제가 예상했던 AI 기술의 수준을 훌쩍 뛰어넘는 능력을 보여줬죠."

칸은 GPT-4를 보고 지금 당장 행동에 나서야 한다고 판단했다. 그는 이 기술이 맞춤형 학습을 널리 확대함으로써 교육을 뿌리째 바꿀 잠재력이 있다는 사실을 깨달았다. 이것은 바로 칸아카데미가 활동해온 분야이자 그가 이 조직을 만든 이유이기도 했다.

칸은 공식적인 전략이나 장기 계획을 세우느라 시간을 쓰기보다 즉각 행동하기로 했다. 그는 학생들이 개인화된 학습 과정을 따라가는 동안 실시간으로 상호작용할 수 있는 AI 튜터를 만들어야 한다고 생각했다. 이는 곧 개인화된 강의를 기반으로 하는 주문형 영상 중심의 학습에서, AI 튜터와 나누는 상호작용과 대화 중심의 학습으로 전환한다는 뜻이었다. 칸아카데미의 다른 리더들 역시 같은 생각이었고, 조직 전체가 빠르게 움직여야 한다는 데 뜻을 모았다.

칸이 서둘러 행동에 나선 데에는 두 가지 이유가 있었다. 우선 AI는 수준 높은 맞춤형 교육을 많은 사람에게 제공하겠다는 칸아카데미의 목표를 훨씬 효과적으로 실현할 기회였다. 하지만 반대로 칸아카데미가 변화에 빠르게 적응하지 못하면 이 기술은 조직의 존립을 위협할 수도 있었다. "그때만 해도 이 기술이 상용화 단계에 이르렀다고 보기는 어려웠어요. 하지만 2~5년 안에는 충분히 그 정도 수준에 도달할 수 있으리라 생각했고, 이는 결코 긴 시간이 아니죠. 그래서 이 기술을 진지하게 받아들이고 과감히 방향을 전환하지 않으면 머지않아 도태되고 말 거라고 판단했습니다."

당시만 해도 AI 퍼스트 조직을 만드는 데 참고할 만한 방법론이나 선례가 없었고, 조직에 그대로 적용할 수 있는 범용적인 실행 계획도 존재하지 않았다. "숙련된 챗GPT 사용자를 가리키는 '프롬프트 엔지니어'라는 말도 챗GPT가 출시된 지 몇 달이 지나서야 나왔죠. 그때는 아직 그런 용어조차 나오지 않았어요." 요컨대 칸과 그의 팀이 마주한 과제는 업무 프로세스나 조직 문화, 생산성을 개선하는 일이 아니었다. 그들은 칸아카데미의 플랫폼과 조직 전체를 송두리째 무너뜨릴 수도, 반대로 도약시킬 수도 있는 기술을 있는 그대로 직시해야 했다. 이러한 상황에서 칸은 이 기술을 즉각 받아들이는 동시에 자신의 팀 역시 그렇게 하도록 이끌고자 했다. 이는 결코 쉬운 결정이 아니었으며, CEO의 지원과 리더십이 왜 중요한지를 보여주는 사례로 꼽을 만하다. 칸은 당시의 일을 이렇게 회상한다.

> 오픈AI에서 GPT-4를 처음 사용해본 지 두 달쯤 지난 뒤에 저희 팀원 40명 정도가 비밀유지계약(이하 NDA)을 맺고 사용 권한을 받았습니다. 그리고 석 달쯤 지나서는 팀 전체가 NDA를 체결하고 GPT-4를 사용할 수 있게 됐죠. 제가 알기로 당시 GPT-4가 어느 정도 발전했는지 제대로 아는 사람은 우리 팀과 오픈AI팀, 그리고 마이크로소프트 관계자들뿐이었어요. GPT-4를 써본 사람들은 누구나 정말 대단한 기술이라는 걸 한눈에 알아봤죠. 다만 처음에는 확실히 기대보다 우려 섞인 반응이 더 많았어요.

이러한 반응은 특히 교육 분야에서 더 두드러졌다. "사람들이 우려한 건 이런 부분이었어요. '챗GPT는 없는 사실을 지어내기도 하고, 수학도 완벽하게 잘하지는 못하잖아. 게다가 우리 고객은 18세 미만의 미성년자인데. 무슨 수로 학생들을 보호할 거야? 누가 이걸로 부적절한 일을 하려고 하면 어떻게 관리하고 통제하지?' 이런 반응에 제가 강조한 태도는 간단했어요. '이런 의문과 우려는 모두 타당하다. 하지만 일단은 전부 명심하되, 이것들은 우리가 앞으로 교육 서비스를 설계할 때 고려해야 할 조건일 뿐 AI 도입을 멈춰야 할 이유는 아니라는 점을 분명히 하자'고요."

이는 AI 퍼스트 사고방식이 무엇인지를 잘 보여주는 선구적인 사례로, 끊임없이 배우고 적용하는 태도, 신속한 행동, 선제적 대응이라는 세 가지 핵심 요소를 모두 담았다. 칸은 LLM과 AI가 어느 정도로 발전했는지를 눈으로 확인하자마자 즉각 행동에 나섰고, 이 기술이 앞으로 빠르게 발전하리라는 점을 정확히 예측했으며, 이에 따라 AI 기반의 맞춤형 학습을 한발 앞서 설계하기 시작했다. 그야말로 AI 퍼스트 사고방식에 걸맞은 판단과 행동이었다.

칸아카데미에서 AI를 빠르게 도입할 수 있었던 근본적인 이유는 리더가 누구보다도 먼저 사고방식을 바꾸기 시작했다는 데 있다. 이는 우리가 지금까지 살펴본 AI 퍼스트 접근 방식의 또 다른 핵심 원칙과도 맞닿아 있다. 변화는 리더들이 사고를 전환하는 것부터 시작해야 한다는 것이다. 그래야만 경영진이 책임을 지고 조직의 변화를 뒷받침할 수 있다. 칸이 리더로서 보여준 사고방식 전환에는 몇 가지 주목할 만한 특징이 있다.

• 변화에 열린 태도: 칸은 오픈AI의 시연을 보러 갈 때만 해도 다소 회의적이었지만, AI가 교육을 근본적으로 바꿀 가능성에는 마음을 열어두고 있었다. 그는 기술이 맞춤형 학습을 널리 확대하는 데 결정적인 역할을 할 것이라는 믿음에서 출발해 GPT-4가 AI 기반 학습 플랫폼의 핵심 동력이 될 수 있다는 통찰까지 이르렀다. 이러한 통찰은 그가 기존에 품고 있던 구상을 확장하고, 그 실현을 앞당길 가능성을 열었다.

• 지체할 시간이 없다는 인식: 칸은 AI가 매우 빠르게 발전하고 있다는 점을 깨닫고, 모든 조건이 갖춰지기를 기다리기보다 곧바로 행동에 나서야 한다고 판단했다. 인터넷, 영상, 소프트웨어 기술을 활용해 수년간 칸아카데미를 구축한 경험 덕분에, 그는 GPT-4를 처

음 접했을 때부터 생성형 AI 기술이 앞으로 얼마나 빠르게 발전할지를 가늠할 수 있었다. 칸은 이처럼 기술 발전의 속도를 직관적으로 이해했기에 더는 지체할 시간이 없다고 판단하고 행동을 우선했다.

- 균형 잡힌 현실 인식: 칸은 AI의 잠재력에 큰 기대를 품으면서도, 아직은 기술적인 한계가 있으며 책임감을 가지고 AI를 도입해야 한다는 점을 인식했다. 이러한 태도는 AI 퍼스트를 추진하는 리더들이 본받아야 할 바람직한 예다. 빠르게 행동에 나설 준비가 되었다고 해서 무엇을 허용하거나 제한할지에 대한 기준이나 책임 있는 관리 체계, 신중한 태도까지 내려놓아야 하는 것은 아니다. 앞서 강조했듯, AI 퍼스트를 지향하는 조직이라면 교육과 훈련 프로그램을 마련하는 데서 출발해 보안·프라이버시·윤리를 고려한 AI 사용 정책을 갖추고, 충분한 전문성을 갖춘 AI 협의체를 설립해 거버넌스와 투명성을 확보해야 한다.

- 조직의 목표에 기반한 의사결정: 칸은 칸아카데미의 핵심 목표를 기준으로 모든 결정을 내렸다. AI 역시 '세계적인 수준의 교육을 전 세계 누구에게나 무료로 제공한다'는 목표를 실현하기 위한 수단이었다. 그는 그럴듯한 프로젝트로 이사회나 언론의 관심을 끌기 위해서가 아니라 최대한 많은 학생과 교육자가 맞춤형 학습을 통해 원하는 수준에 도달하도록 돕겠다는 목표를 위해 곧장 행동에 나서기로 마음먹었다. 생성형 AI 기반의 플랫폼을 통해 그 목표를 더 빠르고 효과적으로 실현할 수 있다면, 칸아카데미로서는 이를 즉각 도입하지 않을 이유가 없었다.

이 모든 과정이 순풍에 돛 단 듯 술술 풀린 것은 아니다. 칸과 경영진은 빠르게 사고방식을 전환했지만, 조직 전체가 이를 쉽게 받아들인 것은 아니었다. 사실 그런 일은 어떤 조직에서도 일어나지 않는다. 칸은 AI 퍼스트를 추진하는 모든 리더가 해결해야 하는 과제에 직면했다. 아직 공식적인 AI 전략조차 마련하지 않은 상태에서 구성원들이 새로운 비전을 이해하고 받아들이도록 해야 했다.

칸은 말로 설득하기보다 결과물을 보여주는 방식이 구성원들의 공감을 끌어내기에 더 효과적이라고 보았다. 그리하여 칸은 AI를 빠르게 도입하겠다는 판단을 내리자마자 GPT에 기반한 AI 튜터 앱을 만들어보기로 결정했고, 칸아카데미는 곧바로 AI 기반의 개인 튜터이자 학습 도우미 역할을 하는 서비스를 시범적으로 개발하기 시작했다. 그렇게 해서 나온 것이 바로 칸아카데미의 대표 서비스인 칸미고khanmigo다.

칸미고의 첫 번째 시제품은 칸이 GPT-4의 시연을 본 지 2주 만에 작동 가능한 수준까지 만들어졌다. 이는 생성형 AI라는 기술이 얼마나 강력한지, 그리고 추론, 아이디어 도출, 대화 등 AI 튜터에게 필수적인 복잡한 인지 작업을 얼마나 효율적으로 처리할 수 있는지를 잘 보여준다.

칸은 발 빠르게 움직여 생성형 AI의 능력을 구성원들에게 보여준 것이 어떤 효과를 냈는지 설명했다. "당시에는 기본적인 프롬프트만 사용했지만, 칸미고의 데모 버전으로도 꽤 정교한 작업을 해낼 수 있다는 걸 보여줄 수 있었습니다. 그것만으로도 모두에게 동기를 부여하고 AI를 받아들이도록 하는 데 큰 도움이 됐죠. 심지어 수학 분야에서는 칸미고를 사용했을 때 GPT-4의 기본 모델보다 훨씬 나은 결과가 나오기도 했어요. 이런 점이 팀의 분위기를 긍정적으로 바꿔줬습니다.”

이는 구체적인 실천을 통해 조직의 전환을 성공적으로 이끈 모범 사례라 할 만하다. 새로운 기술, 특히 오해를 받기 쉽고 우려나 논쟁을 불러일으키는 기술일수록 말로 설명하는 것보다 이 기술이 실제로 무엇을 할 수 있는지를 직접 보여주는 편이 훨씬 효과적이다. 우리는 앞 장에서도 이러한 방식으로 구성원들이 생성형 AI의 잠재력을 믿게 한 사례를 살펴보았다. 수지에서는 CEO인 맷 브리튼이 발벗고 나서서 제품 판매를 최적화하는 AI 도구를 만들었고, 직원들이 이를 사용해보면서 그 효과를 체감하도록 했다. 그리하여 조직 전체가 AI의 가능성을 인식하자 반대 의견과 회의적인 시선은 빠르게 잦아들었다. 업무 현장에서 사람들이 긍정적인 결과를 두 눈으로 확인한 상황에서는 이론상의 단점을 두고 계속 문제를 제기하기가 어렵기 때문이다.

칸미고 역시 같은 방식으로 효과를 발휘했다. “칸미고의 시제품을 보여준 것만으로 모두를 설득할 수 있었다고 생각하지는 않아요. 하지만 분명한 건 그때부터 분위기가 바뀌었다는 점이에요. 그러고서 몇 달 뒤에 다시 해커톤을 열었는데, 그때는 제가 직원들에게 더 적극적으로 참여해 달라고 독려했어요. ‘우리는 AI를 책임감 있게 다뤄야 하고, 안전장치도 마련해야 한다. 하지만 그만큼 빠르게 움직이는 것도 중요하다. 지금은 우리가 먼저 움직일 기회를 잡았지만, 곧 많은 사람이 이 분야에 뛰어들 것이다’라고 말이죠.”

칸아카데미가 AI를 도입한 방식은 모든 기업이나 조직이 같은 방식으로 AI 퍼스트를 추진할 필요는 없다는 사실을 다시 한번 일깨워준다. 앞 장에서 제시한 AI 퍼스트 실행 전략은 각 기업의 문화와 상황에 따라 유연하게 조정할 필요가 있다.

이 실행 전략은 조직들이 어느 정도 정해진 순서에 따라 체계적으로 AI를 도입할 것을 제안한다. 먼저 중심이 되는 팀이나 조직 전체가 일정 수준의 AI 교육과 훈련을 받도록 한 다음, AI 협의체를 구성해 포괄적인 AI 사용 정책을 수립하고, 마지막으로 구체적인 AI 도입 로드맵을 마련하는 것이다. 그러나 칸아카데미의 사례는 AI를 도입할 때 무엇보다 중요한 것은 올바른 사고방식이며, 상황에 따라서는 실행 전략에서 제시하는 순서를 그대로 따르지 않아도 된다는 사실을 일깨워준다. (사실 2022년 여름 무렵에는 생성형 AI에 관한 협의체나 훈련, 사용 정책을 마련해야 한다고 이야기하는 사람이 없었기 때문에 칸과 그의 팀에게는 애초에 다른 순서를 선택할 여지가 없었다.)

그러나 현재 칸아카데미는 우리가 제시한 실행 전략의 기본 요소들을 빠르게 정비해나가고 있다. 처음에는 갖추지 못한 요소들을 뒤늦게라도 보완하면서 실행 전략에 부합하는 틀을 갖춰나가고 있는 것이다. 이로써 칸아카데미는 발 빠른 대응부터 점차 체계적이고 지속 가능한 실행 전략을 따르는 방향으로 자연스럽게 이행하는 모습을 보여주고 있다. 이러한 변화는 다음과 같은 사례들에서 확인할 수 있다.

AI 교육과 훈련

칸은 현재 구성원들이 AI를 최대한 효과적으로 활용하는 방법은 물론, AI의 잠재력과 한계에 대해서도 이해하도록 적극적으로 교육하고 있다. "1~2주마다 영상을 만들어 직원들에게 공유하고 있어요. 10분 정도의 짧은 영상인데, 그때그때 제가 중요하다고 느끼는 내용을 담습니다. 그리고 늘 제가 AI 도구를 실제로 어떻게 사용하는지도 보여주려고 해요. 직원들이 그 모습을 보고 부담 없이 저를 따라 시도해보기를 바랍니다."

일상 업무에서의 AI 사용 확대

칸아카데미는 여러 부서의 업무에서 AI를 더 효과적으로 활용하는 방안을 찾고 있다. 칸은 기금 신청서 작성에 AI를 활용하는 일을 예로 들었다. "한 번은 후원 기관과 통화를 하면서 이메일을 여러 차례 주고받은 적이 있어요. 이제는 이메일 내용을 전부 GPT-4에 입력하고, 그 내용을 바탕으로 해당 기관에 보낼 기금 신청서 초안을 작성해달라고 요청합니다. GPT-4가 몇 초 만에 초안을 만들어 주면 직원들이 검토하고 수정하는 거죠. 이렇게 하면 하루나 이틀 안에 완성도 높은 신청서를 보낼 수 있어요. 예전에는 이 작업에 1~2주씩 걸리곤 했는데 말이에요."

칸은 직원 설문조사를 분석하는 등 인사 업무에도 AI를 적극적으로 도입했다. "제가 늘 불만이었던 것 중 하나는, 회사에서 설문조사를 하면 사람들이 자유롭게 의견을 남겨도 결국에는 누군가가 그중에서 중요하다고 생각하는 것만 골라서 정리하게 된다는 점이었어요. 하지만 이제는 조사 결과를 AI로 요약하고 있습니다. 인사팀 직원의 판단이나 편향이 개입된 결과가 아닐까 의심할 필요가 없어졌죠." 칸은 이러한 방식이 시간을 절약할 뿐만 아니라 결과물의 질까지 높여준다고 덧붙였다.

칸은 소프트웨어 엔지니어링과 코딩 분야에서도 깃허브 코파일럿GitHub Copilot 같은 AI 도구를 활용하면서 프로그래밍팀의 생산성이 크게 향상된 것에 놀랐다고 말했다. "정말 충격이었어요. 몇 달 전 엔지니어 몇 명과 점심을 먹으면서 코파일럿 같은 기능이 엔지니어들의 생산성을 얼마나 높여줬는지 물어본 적이 있어요. 다들 생성형 AI 덕분에 생산성이 3배로 늘어났다고 하더군요. 그러니까 작업량과 속도가 30퍼센트도 아니고 300퍼센트로 늘어났다는 거죠. 허, 300퍼센트라니요."

이 사례들은 칸아카데미가 신속한 행동과 혁신을 중시하면서도 점차 포괄적인 AI 전략을 갖춰나가고 있음을 보여준다. 칸은 AI를 일상 업무에 사용하면서 생산성과 결과물의 질이 얼마나 개선되었는지를 돌아보며 이렇게 말했다. "지금 와서 생각하면 일상 업무와 의사결정 과정에 AI를 더 과감하고 빠르게 도입하지 못한 게 가장 큰 실수였어요."

칸은 장차 AI가 교육을 어떻게 바꿀지에 대해 분명한 비전을 제시한다. 그는 앞으로 3~5년 사이에 교육 분야에 상당한 변화가 일어날 것이며, 우선은 콘텐츠를 전달하는 방식이 달라지리라 전망한다. "사용자가 재생했다 멈추기를 반복하는 식의 영상 강의가 앞으로도 계속 쓰일지는 잘 모르겠어요. 앞으로 2~3년 안에는 AI의 도움을 받아 검증된 연습 문제들을 차례로 푸는 식의 체계적인 학습 과정이 훨씬 중요해질 거라고 봐요. 사용자는 자연어와 음성, GUI를 기반으로 여러 AI 도구와 상호작용하면서 학습을 진행하는 거죠."

또한 칸은 앞으로는 강력한 AI 시스템이 자기 주도 학습과 개별 지도 분야를 재편할 것이라 본다. "미래에는 교사가 AI 시스템에게 이렇게 말할 거예요. '너는 학생들이 지금까지 무엇을 해왔는지 완벽히 파악하고 있잖아. 그러니 각 학생에 맞는 지도 방식을 만들어보자. 문제 구성을 어떻게 하면 좋을까? 좋아, 그렇게 만들어줘. 그럼 이제 이 방식을 아이들에게 적용해보고 진행 상황을 계속 알려줘.' 이런 식이죠."

칸아카데미가 AI를 도입한 과정은 AI 퍼스트를 추진하는 방식이 얼마나 다양한지를 보여주는 특별한 사례다. 그들은 체계적인 실행 전략도 분명 도움이 될 수 있지만, AX 시대를 헤쳐나가는 데 가장 중요한 것은 앞을 내다보는 사고방식과 신속하게 행동하려는 의지라는 점을 잘 보여준다.

지금까지 살펴보았듯, AI를 둘러싼 환경은 매우 빠른 속도로 변화하고 있으며, 조직은 이에 기민하게 적응할 준비가 되어 있어야 한다. 칸아카데미의 여정은 때로는 오늘 당장 행동에 나서는 것이야말로 미래를 준비하는 가장 확실한 방법이라는 사실을 일깨워준다. 모든 조직이 칸아카데미처럼 새로운 기술을 발 빠르게 도입할 기회를 누릴 수는 없겠지만, 그들의 여정이 주는 교훈은 어느 조직에나 적용할 수 있다. AI 퍼스트 사고방식을 기르고 실험과 학습을 두려워하지 않으며 언제나 핵심 목표를 중심에 두는 조직이라면, 어떤 분야에 속해 있든 AX 시대에도 계속 성장할 방법을 찾을 수 있을 것이다.

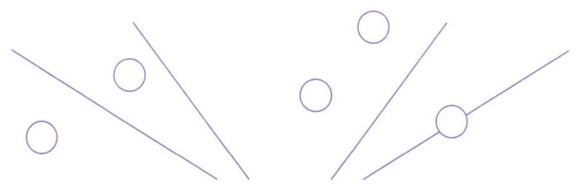

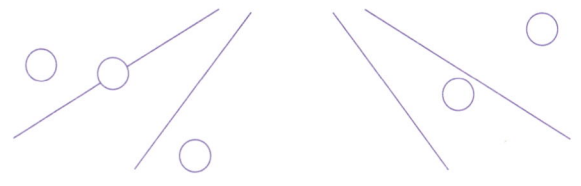

7장

지속 가능한 성장을 위한
인프라와 거버넌스

이 책을 쓰기 위해 수십 개의 기업과 이야기를 나누는 동안 우리는 줄곧 모더나Moderna를 떠올렸다. 모더나는 코로나19 팬데믹 당시 주로 쓰인 백신을 개발한 기업이다. 우리가 모더나를 떠올린 이유는 오픈AI가 챗GPT의 기업용 버전인 챗GPT 엔터프라이즈를 조직 전반에 도입한 고객의 사례로 모더나를 소개했기 때문이다.[1] 모더나의 이야기는 우리가 정립해온 AI 퍼스트 원칙과 딱 맞아떨어졌으며, 그들이 AI를 이해하고 활용하는 방식 또한 설득력이 있었다. 그래서 우리는 "모더나의 사례를 보고 우리처럼 깊은 인상을 받은 리더가 있다면 회사를 AI 중심으로 전환하기 위해 서둘러 행동에 나섰을 것"이라 이야기하곤 했다.

오픈AI의 소개에 따르면, 모더나는 생성형 AI 중심의 전환 프로그램을 조직에 맞게 설계하고 추진할 전문가팀을 꾸렸고, 6개월 안에 회사의 모든 지식 노동자가 챗GPT 엔터프라이즈를 숙련된 수준으로 활용하도록 만들겠다는 목표를 내걸었다. 이 팀은 이전에도 오픈AI의 API를 기반으로 엠챗^{mChat}이라는 사내용 챗봇을 구축한 적이 있으며, 2023년 5월부터는 AI 프롬프트 공모전을 비롯해 조직 전반의 변화를 이끌기 위한 전사적 프로그램을 추진했다. 그 결과 모더나에서는 내부에서 AI 도입을 주도하는 100여 명의 그룹이 형성되었고, 엠챗의 사용률은 80퍼센트에 이르렀으며, 임직원 3000여 명이 참여하는 AI 포럼이 만들어졌다. 이처럼 구성원들이 일찍부터 AI를 사용하며 경험을 쌓은 덕분에 모더나는 자체 개발한 클라이언트를 빠르게 챗GPT로 대체할 수 있었다. 이 과정에서 챗GPT 도입에 앞장선 직원들은 주당 100회 이상 챗GPT를 사용하며 특정 업무를 위해 수백 개의 맞춤형 GPT(AI 에이전트)를 만들어내기도 했다. 설령 우리가 AI 퍼스트 전환의 이상적인 사례를 꾸며낸다고 하더라도 이보다 더 나은 모델을 떠올리기는 어려울 것이다.

오픈AI는 소개글에서 모더나에 AI 중심의 문화가 뿌리를 내렸고 실제로 성과를 내고 있다고 평가하며, 모더나의 CEO 스테판 방셀^{Stéphane Bancel}의 발언을 인용한다. "우리는 법무, 연구, 제조, 상업 부문에 이르는 모든 사업 프로세스를 하나하나 살펴보며, AI로 재설계할 방법을 고민하고 있습니다."[2] 이 글에 따르면, 그 결과 모더나는 전반적인 생산성을 끌어올렸고, 같은 인력으로도 새로운 치료법을 더 효율적으로 개발하고 보급할 수 있게 되었다. 방셀은 또 이렇게 덧붙였다. "기존에 바이오의약 업계에서 하던 방식대로 일했다면, 직원이 10만 명은 필요했을 겁니다. 우리는 기술과 AI를 활용해 회사의 역량을 키우면, 수천 명의 인력만으로도 더 많은 환자에게 더 큰 도움을 줄 수 있다고 믿습니다."

그동안 AI 분야나 기업을 이끄는 리더들을 인터뷰하며 AI 퍼스트 실행 전략을 수립해온 우리가 모더나의 사례를 보고 어떤 반응을 보였는지는 쉽게 짐작할 수 있을 것이다. 우리는 소개글을 읽자마자 포럼3의 모든 고객에게 이 사례를 이야기했다. 모더나가 AI 전환을 어떻게 계획하고 실행에 옮겼는지 구체적으로 알지는 못했지만, 모더나는 이제 막 윤곽을 잡아가고 있던 AI 퍼스트 실행 전략을 가장 잘 구현한 모범 사례처럼 보였다. 이후 우리는 이 이야기를 발표 자료의 단골 소재로 삼았지만, 사실 그 근거는 모더나가 당시 어떤 시도를 하고 있었는지를 요약한 짧은 소개글뿐이었다.

그래서 우리는 모더나가 AX를 어떻게 시작하고 어떤 식으로 실행했는지를 내부자의 관점에서 자세히 듣고 싶었다. 이를 위해서는 소개글에서 핵심 인물로 등장하는 모더나의 AI 제품 및 플랫폼 부문 부사장 브라이스 샬라멜Brice Challamel을 만나야 한다는 생각이 들었다. 다행히 모더나는 샬라멜뿐 아니라 생성형 AI 담당 수석 프로덕트 매니저인 아드리앙 마송Adrian Masson과도 두 차례에 걸쳐 장시간 이야기를 나눌 수 있게 해줬다. 그동안 이 책을 쓰며 만난 다른 사람들과 마찬가지로, 샬라멜과 마송은 모더나가 생성형 AI 중심의 전환을 추진한 배경은 무엇이며, 회사가 이를 어떻게 전개해왔는지, 그리고 이러한 변화가 지금까지 조직에 어떤 영향을 미쳤는지를 솔직하면서도 구체적으로 들려줬다.

우리는 생물학적 전환과 혁신, 기술을 기반으로 성장해온 모더나가 AX를 대표하는 사례로 떠오른 것은 어찌 보면 당연한 일이라 생각했다.

모더나는 가장 널리 사용된 코로나19 백신 중 하나인 스파이크백스Spikevax를 만든 회사로 유명하다. 이 백신은 코로나19를 유발하는 SARS-CoV-2 바이러스로부터 접종자를 보호함으로써 팬데믹 대응에 중요한 역할을 한 것으로 평가받는다. 하지만 여기서는 백신보다 모더나라는 회사를 더 살펴보자. 지금까지 이야기한 다른 사례들과 마찬가지로, 모더나의 AI 퍼스트 전환 전략은 아무 맥락 없이 갑작스레 나온 것도, 기존 사업과 관계없는 보여주기식 프로젝트도 아니었다. AI를 일찍부터 받아들인 기업들이 그러하듯, 모더나는 리더십과 조직 문화, 회사의 핵심 목표에 따라 자연스럽게 이러한 변화를 추진했다.

모더나는 2010년에 설립되었지만, 그 뿌리는 수십 년 전에 시작된 mRNA 연구로 거슬러 올라간다. 1961년, 여러 과학 논문을 통해 메신저 RNA, 즉 mRNA가 세포핵 안의 DNA에 담긴 유전 정보를 세포의 바깥 부분(세포질)으로 전달하고, 그 과정에서 특정 단백질이 생성되도록 유도한다는 사실이 밝혀졌다. 1980년대에 과학자들은 특정 유전 물질을 동물에게 주입하면 단백질 생성을 유도할 수 있는지를 실험했고, 그 시도는 놀랍게도 성공을 거두었다. 이후 2005년에 이르러 연구자들은 이 기술을 안전하게 적용할 수 있다는 사실을 입증하는 단계까지 나아갔다. 그리고 2010년에는 하버드 의대 교수였던 데릭 로시$^{Derrick\ Rossi}$가 mRNA를 이용해 피부 세포를 손상 없이 근육 세포로 전환하는 데 성공했다는 연구 결과를 발표했다. 같은 해 로시는 공동창업자와 함께 회사를 세우며 모더나라는 이름을 붙였는데, 이는 '변형된 메신저 RNA$^{modified\ messenger\ RNA}$'의 줄임말인 'ModeRNA'에서 따온 이름이다. 요약하자면 모더나는 주사로 투여할 수 있는 합성 mRNA를 설계해 인간의 몸이 특정 단백질을 만들어내도록 유도함으로써 다양한 질병을 예방하거나 치료할 수 있다는 과학적 가설에서 출발한 회사다.

2011년, 모더나의 이사회는 초대 CEO로서 지금까지 회사를 이끌고 있는 스테판 방셀을 영입했다. 방셀은 취임 이후 2023년 모더나가 생성형 AI 중심의 전환을 본격적으로 추진하기까지 12년 동안, 회사의 사업 기반과 조직 문화를 차근차근 다져왔다. 그사이 모더나는 수십억 달러 규모의 자금을 조달했고, 제약 업계에서 여러 중요한 파트너십을 맺었으며, 2018년 말에는 기업공개^{IPO}를 통해 상장에 성공했고, 전에 없던 형태의 코로나19 백신을 놀라울 만큼 빠르게 시장에 내놓기도 했다. 이러한 성과와 더불어 방셀은 모더나에 혁신을 중시하는 문화를 조성했다. 그는 '획기적인 혁신'이라는 회사의 핵심 목표를 바탕으로 조직 전체가 속도와 처리 능력을 우선하도록 이끌었다. 모더나의 첫 제품이자 회사를 대표하는 제품인 코로나19 백신은 단순한 의약품이 아니라 하나의 혁신 기술이었다. 모더나의 IPO 서류에는 DNA에서 mRNA를 거쳐 단백질로 이어지는 생물학적 전환을 데이터 저장소에서 소프트웨어를 거쳐 애플리케이션으로 이어지는 과정에 비유한 도식이 등장한다. 이는 모더나의 정체성이 일반적인 생명공학 기업보다 애플, 구글 같은 실리콘밸리의 소프트웨어 플랫폼 기업에 가깝다는 점을 보여준다.

2021년 7월, 모더나는 실리콘밸리 출신인 브라이스 샬라멜을 영입해 이러한 정체성을 더욱 공고히 하는 한편, 샬라멜에게 회사의 AI 전환을 이끄는 중책을 맡겼다. 이는 챗GPT가 공개되기 1년도 더 전에 내려진 결정이었다.

∴

모더나는 설립 당시부터 클라우드를 적극적으로 활용했으며, 조직을 AI 중심으로 전환하는 일에도 꾸준히 투자해왔다. CEO인 스테판 방셀의 사고방식을 고려하면, 회사가 AX에 일찍부터 관심을 기울인 것은 전혀 놀랄 일이 아니다. 방셀은 2019년 구글 임원 브리핑센터에서 열린 경영진 워크숍에 참여해 당시 구글 클라우드의 글로벌 전환 부문 책임자였던 브라이스 샬라멜을 만났다. 얼마 지나지 않아 모더나는 회사의 전환을 총괄할 책임자로 샬라멜을 영입하기로 결정했다. 그들은 회사가 급격히 성장하는 상황에서도 효율과 생산성을 높이기 위해서는 샬라멜처럼 조직의 전환을 성공적으로 이끈 경험과 자신만의 실행 전략을 갖춘 리더가 필요하다고 보았다.

샬라멜을 영입할 당시 모더나는 매출과 인력, 제품 전반에 걸쳐 폭발적인 성장을 이루고 있었다. 당연한 일이었다. 2021년 5월, 전 세계는 여전히 코로나19 팬데믹으로 몸살을 앓고 있었고, 누적 확진자 수는 걷잡을 수 없이 늘어나고만 있었다. 그해 5월 말 기준으로 전 세계 코로나19 확진자는 1억 7000만 명을 넘어섰고, 미국에서는 3200만 명이 넘는 확진자가 나왔다. 하지만 바로 그 무렵부터 팬데믹의 추세에는 변화의 조짐이 나타나기 시작했다. 누적 확진자 수 자체는 계속 증가하고 있었지만, 미국에서는 2020년 6월 이후 처음으로 하루 평균 신규 확진자 수가 3만 명 아래로 떨어진 것이다.

이러한 변화는 백신 접종률이 빠르게 높아진 결과로 볼 수 있었다. 모더나의 코로나19 백신은 2020년 12월 18일 미국 식품의약국 FDA으로부터 긴급사용승인을 받은 이후, 미국 전역에서 대규모로 접종되기 시작했다. 2021년 5월까지 모더나는 미국 정부에 1억 회분이 넘는 백신을 공급했고 그중 6700만 회분 이상이 이미 접종되었으며, 이후에도 매달 4000~5000만 회분의 백신을 추가로 공급했다. 이 시기에는 미국 성인의 57퍼센트가 최소 1회 이상 코로나19 백신을 접종한 상태였으며, 모더나의 백신은 그 주요 백신 중 하나였다.

모더나는 이처럼 백신을 빠르게 공급하면서 급격한 성장세를 기록했다. 2021년 모더나는 약 177억 달러의 매출을 올렸는데, 이는 믿기 어려울 만큼 빠른 속도로 백신을 개발해 시장에 공급한 결과였다. 회사는 백신 수요에 대응하기 위해 생산 설비를 대폭 확충했고, 2021년 한 해 동안 8~10억 회분의 백신을 생산할 계획을 세웠으며, 2022년에는 그 규모를 30억 회분까지 늘릴 예정이었다. 무엇보다 놀라운 점은 2019년 이전까지만 해도 제품 매출이 전혀 없던 회사가 이 모든 성과를 이루어냈다는 사실이다.

모더나는 바로 이 시기에 샬라멜을 영입해 한 가지 명확한 임무를 부여했다. 모더나가 늘 시장의 선도자로서 우위를 유지하도록 만들어야 한다는 것이었다. 이는 곧 회사가 더 많은 혁신을 더 빠르고 영리하게 이룰 수 있도록 조직의 환경과 문화를 바꿔야 한다는 뜻이었다. 이 임무는 방셀이 2011년부터 강조해온 속도와 처리 능력 중심의 문화에서 비롯했으며, 모든 직원이 입사와 동시에 배우는 '지체 없이 행동하라'는 원칙과도 맞닿아 있었다. 샬라멜이 합류할 당시, 이 원칙은 경영진이 외치는 말뿐인 구호가 아니라 회사의 생존과 직결된 현실적인 요구였다. 업무의 효율과 생산성을 대폭 끌어올리는 방향으로 혁신을 이루지 못한다면, 회사는 인력과 자원 수요를 감당하지 못해 무너지거나 치명적인 병목에 빠질 위험이 있었다. 2020년 말 모더나는 직원 수를 1300명까지 늘렸지만, 비슷한 규모의 파이프라인을 가진 다른 생명공학 기업들과 비교하면 여전히 인력과 자원이 크게 부족한 상황이었다.

샬라멜은 그가 합류할 무렵의 상황을 이렇게 회상한다. "제가 모더나에 합류했던 2021년 7월은 델타 변이가 유행하기 시작하던 때였고, 회사로서도 매우 중대한 시기였습니다. 당시 모더나의 직원 수는 1500명 정도였는데, 2년 전보다는 크게 늘었다고 해도 지금과 비교하면 여전히 규모가 작았어요. 회사는 어느 때보다 빠르게 몸집이 불고 있었고, 급격한 성장에 따른 압박으로 많은 부분이 한계에 다다르고 있었습니다."[3]

모더나는 조직의 전환을 이끌 적임자로 샬라멜을 선택했다. 정확히 말하면 그의 전문 분야는 AI 중심의 전환이었지만, 그가 조직에 변화를 가져올 수 있는 전문가라는 사실에는 변함이 없었다. 샬라멜은 조직 문화와 커뮤니케이션에 대한 깊은 관심을 바탕으로 해당 분야에서 많은 경험을 쌓았다. 그는 BCG에서 컨설턴트로 일한 뒤 조직 전환을 전문으로 하는 컨설팅 회사를 운영했고, HEC파리에서 조직의 혁신과 전환을 가르치며 관련 주제로 책 4권을 쓰기도 했다. 2016년 5월 구글 클라우드에 합류해 곧바로 사내에서 AI 도입의 기반을 마련하는 일을 맡았고, 이후에는 외부 기관과 기업들이 AI를 활용해 혁신을 이루도록 돕는 조직을 이끌며 AX 프로그램을 총괄하는 책임자로 성장했다. 당시 샬라멜의 팀에는 훗날 모더나에 합류한 아드리앙 마송도 있었다.

"첫 번째 AI 붐이 한창이던 3년 반 동안 구글에서 AX를 담당하며 400여 개의 조직을 만나 함께 일했습니다. 이 전환 프로그램은 세계 각지에서 다양한 산업에 몸담은 최고경영진을 대상으로 했으며, 특히 생명과학, 유통, 엔터테인먼트, 금융처럼 데이터 의존도가 높은 분야에 초점을 맞췄습니다. 우리는 당시의 경험에서 많은 것을 배웠고, 이는 모더나에 와서 일을 시작할 때도 큰 자산이 되었습니다. 400번이나 연달아 전환에 성공하면서 자신이 있었죠."[4]

이렇듯 모더나에서 조직의 전환을 추진할 당시 샬라멜은 이 역할에 꼭 맞는 역량과 경험을 갖추고 있었다(구글 클라우드에서 미주 지역 고객 엔지니어링을 총괄했던 히랄도 이에로$^{Giraldo Hierro}$와 마송도 그의 팀에 합류했다). 게다가 그는 어디서부터 어떻게 전환을 시작할지에 대한 자신만의 실행 전략까지 가지고 있었다. 그 첫 번째 단계는 이른바 '경청 투어'였다.

방셀은 가장 먼저 전환 과정에서 중요한 역할을 할 능력이 있어 보이는 사람들을 모두 인터뷰해보라고 권했습니다. 그래서 저는 이를 위해 설계한 방법론을 바탕으로 직원 270명을 만나 인터뷰를 진행했습니다. 이런 방식의 인터뷰는 이전에도 많이 해본 일이어서 어떻게 정보를 정리하고 구조화해서 의미 있는 결과를 이끌어낼 수 있는지도 잘 알고 있었죠.

저는 '생각하기 전에 먼저 들어라'라는 말을 참 좋아합니다. 물론 쉽지는 않은 일이에요. 우리는 끊임없이 생각을 하니까요. 그렇게 하려면 의식적으로 머릿속에 떠오르는 생각을 잠시 눌러두고, 어떤 선입견도 없이 순수한 청자로서 상대를 이해하려고 노력해야 합니다. 그러다 인터뷰가 3분의 2쯤 진행되면 저는 늘 같은 질문을 던집니다. '어떤 일을 해내야 상상했던 것보다 훨씬 큰 성공을 이뤘다고 느끼실 것 같나요?'

샬라멜의 설명에 따르면, 이 질문은 인터뷰가 어느 정도 진행되었을 때 던져야 특히 효과가 컸다. 샬라멜은 답변을 들으며 상대방이 생각하는 이상적인 성공의 의미를 파악했고, 이를 바탕으로 핵심 직원 270명과 그들이 속한 조직이 어떤 동기에 따라 움직이며 그들이 함께 일할 때 어떤 힘이 작용하는지를 이해할 수 있었다. "덕분에 저희는 직함이나 조직도만 봐서는 알 수 없는 회사의 현주소와 지향점을 입체적으로 파악할 수 있었습니다. 이처럼 급속도로 성장하면서도 복잡한 문제를 빠르게 해결해야 하는 조직을 효과적으로 전환하려면, 회의 도중에 복도에서 잠깐 이야기를 나누는 식으로 접근해서는 안 됩니다. 적어도 이 정도 규모와 성장 속도를 가진 조직에서는 그런 방식이 통하지 않죠." 샬라멜이 270번의 인터뷰를 통해 밝혀낸 모더나의 근본적인 문제점은 의외로 아주 단순했다. 회사의 기술 인프라에 중대한 결함이 있었다. 이는 MBA 교과서에 나올 법한 복잡하고 미묘한 경영 이슈와는 거리가 먼 문제였다. "당시에는 필요할 때

노트북조차 못 구하는 일도 있었어요. 어떤 프로세스나 소프트웨어의 책임자가 누구인지 명확하지 않은 경우도 많았고요. 그동안 핵심 제품을 개발해야 한다는 압박 속에서 숨 돌릴 틈 없이 달리다 보니 기본적인 IT 환경을 제대로 챙길 여력이 없었던 거죠. 심지어는 노트북을 충전할 콘센트가 없는 회의실도 있었어요. 그제야 전기가 없으면 전환도 없다는 사실을 깨달았죠."[5]

그리하여 샬라멜은 애초에 맡기로 했던 AX를 시작하기도 전에 방셀의 요청으로 기본적인 IT 인프라를 정비하는 일부터 맡게 되었다. 이는 샬라멜의 전문 분야가 아니었지만, 회사는 그에게 조직의 기초를 다지는 역할까지 맡기려 했다. 하지만 이후 아마존에서 전자상거래 플랫폼을 설계하고 출시한 인물로도 널리 알려진 브래드 밀러Brad Miller가 모더나의 CIO로 합류하면서 상황은 빠르게 정리되기 시작했다. 밀러는 곧바로 샬라멜과 그의 팀이 지닌 잠재력을 알아보고 그들이 역량을 제대로 발휘할 수 있도록 조직과 역할을 재정비했다. 샬라멜과 마송을 비롯한 소수 정예로 이루어진 AX팀(AI TF)은 그제야 비로소 모더나가 AI 퍼스트 전환을 선도하는 기업으로서 AI를 활용해 생산성과 속도를 높이고 혁신을 이룰 방법을 본격적으로 탐색하기 시작했다.

이 책을 읽고 자신의 조직을 AI 퍼스트로 전환하는 일에 뛰어들 준비가 된 사람이라면, 이 대목을 특히 눈여겨봐야 한다. 전환을 시작하려면, 먼저 회사가 그에 필요한 기반을 갖추고 있는지부터 점검해야 한다. 가령 업무에 적합한 컴퓨터와 안정적인 인터넷 환경 같은 기초적인 기술 인프라를 갖추고 있는지부터 누가 교육 과정에 참여해야 할지, AI 도입을 어떻게 구성원들에게 알리고 설명할지, 기업용 AI

계정을 어떻게 지급하고 관리할지, 그리고 이러한 전환 계획을 뒷받침할 프로젝트를 어떻게 운영할지를 하나하나 따져봐야 한다. 물론 앞서 살펴보았듯, CEO가 앞장서서 행동하며 변화를 이끄는 방식도 효과가 있을 수 있다. 그러나 이 책에서 다룬 여러 모범 사례들은 하나같이 조직을 기초부터 점검하는 준비 과정을 거쳤다. 모더나는 이를 잘 보여주는 대표적인 예다. 또, 칸아카데미의 경영진이 비밀유지 계약을 맺고 GPT-4를 미리 사용해본 뒤 칸미고의 시제품 개발에 참여한 것 역시 이러한 사전 준비의 한 예라 할 수 있다.

샬라멜과 마송, AI 전환 팀은 자신들이 가장 잘하는 방식으로 행동에 나섰다. 다시 한번 '경청 투어'를 시작한 것이다. 다만 이번 인터뷰는 지난번과 다른 문제에 초점을 맞췄다. 그들은 전 부서에서 신입 직원부터 고위급 리더까지 150명을 만나 구성원들의 진솔한 의견을 듣되, 이번에는 조직이 직면한 과제 중 AI가 가장 큰 효과를 발휘할 수 있는 것이 무엇인지를 알아보고자 다음과 같은 질문들을 던졌다.

- 연구 개발 중인 제품이 쌓여 있는 상황에서 이를 감당할 수 있을 만큼 생산성과 처리 능력을 높이고 혁신을 이루려면 어디서 돌파구를 찾아야 할까요?
- 회사가 앞으로도 발 빠르게 움직이며 혁신을 지속하려면 어떻게 해야 할까요?
- 조직 문화나 업무 프로세스에서 AI 중심의 전환 전략을

하지만 그들은 처음부터 AI 기술 자체를 염두에 두고 접근하지는 않았다. "결국에는 AI 관점에서 문제를 이해하려고 했지만, 그보다도 먼저 중요하게 봐야 할 것은 데이터라고 생각했습니다. 처음부터 AI에만 초점을 맞추다 보면 사고 자체가 특정 영역에 갇혀버리기 때문이죠. AI 기술의 성능은 이를 떠받치는 데이터의 수준에 좌우될 수밖에 없습니다. 그래서 이번 인터뷰에서는 데이터라는 주제를 반드시 다루려 했습니다." 샬라멜의 설명이다.

두 번째 경청 투어는 2023년 초에 진행됐다. 그런데 바로 그 무렵, 오픈AI가 챗GPT를 세상에 공개하면서 샬라멜의 시선을 단숨에 사로잡았다. 샬라멜과 AX팀은 자신들이 목격한 것이 AI 혁명을 가져올 결정적인 기술이라는 점을 즉각 알아차렸고, 이를 회사의 전환 과정에 반드시 포함해야 한다고 판단했다. 여기서 한 가지 짚고 넘어가야 할 점은 모더나의 AX팀이 여느 회사에나 있을 법한 전략·전환 담당 조직이 아니었다는 것이다. 그들은 애초부터 조직에 AI를 도입한다는 확실한 목적에 따라 선발된 조직이었다. 따라서 최신 트랜스포머 모델에 기반한 생성형 AI와 이를 온전히 활용할 수 있는 자연어 챗봇의 등장은 샬라멜과 그의 팀에게 절호의 기회였다.

샬라멜은 챗GPT와 생성형 AI 이전에 등장했던 주요 기술 혁신을 연구해왔다. 그는 이 기술들이 대체로 비슷한 패턴을 따른다고 설명했다. 새로운 기술은 처음 등장한 이후 한동안은 제한된 영역에서 쓰이다가 어느 순간 누구나 쉽게 사용할 수 있는 결정적인 응용 서비스가 나오면서 비로소 기술 혁명으로 이어진다는 것이다. 샬라멜은 생성형 AI 역시 같은 패턴을 따르고 있다고 보았다.

> AI 자체는 기술 혁명이라고 보기 어렵습니다. 관련 기술은 이미 오래전부터 나와 있었으니까요. 하지만 트랜스포머 모델과 생성형 AI는 누구나 AI를 사용할 수 있게 만드는 혁명적인 기술입니다. 컴퓨터도 마찬가지였어요. 튜링 머신은 1936년에 등장했지만, 개인용 컴퓨터가 등장한 1979년에 이르러서야 비로소 대중에 보급되기 시작했죠. 인터넷도 그래요. 인터넷 기술 자체는 아파넷[ARPANET]이 개발된 1969년에 처음 등장했지만, 1996년 웹브라우저와 월드와이드웹이 널리 쓰이기 시작하면서 대중적인 기술로 자리매김했죠. 이런 기술들은 보통 수십 년 동안 전문가들의 손에 머물러 있습니다. 개발하기도 어렵고, 사용하기도 어려운 상태로요. 그러다 어느 순간 결정적인 계기가 생기면 대중의 손에 넘어가는 거죠.

샬라멜은 챗GPT를 보며 AI에도 그러한 순간이 도래했음을 직감했다.

> 생성형 AI에도 그와 같은 전환이 일어나고 있다고 깨달은 것은 빌 게이츠가 챗GPT를 'GUI 이후로 가장 혁신적인 기술'이라고 평했다는 말을 들은 때였습니다. GUI는 마우스로 화면 속 대상을 클릭하고 조작하는 방식으로 누구나 컴퓨터를 사용할 수 있게 만들었죠. 그래서 저는 빌 게

이츠가 두 기술을 같은 선상에 놓을 정도라면 지금이 바로 AI가 임계점에 도달한 순간이라고 생각했습니다.

우리는 샬라멜의 말을 들으며 미소를 지었다. 돌이켜보면 빌 게이츠가 챗GPT를 보고 감탄하며 처음 GUI를 접했을 때를 떠올렸다는 이야기는 AI를 바라보는 여러 인물의 인식이 한 지점으로 수렴하고 있음을 보여주는 상징적인 일화였다. 앞서 살펴보았듯, 빌 게이츠뿐 아니라 리드 호프먼과 제이미 티번, 살만 칸 역시 챗GPT를 처음 접하고서 AI가 결정적인 전환점에 도달했다는 것을 직감했다.

그렇게 해서 샬라멜과 AX팀은 다시 한번 150번의 인터뷰를 진행하면서 챗GPT의 등장을 지켜보고 곧 널리 알려진 빌 게이츠의 일화를 들은 뒤, 즉각 행동에 나섰다.

여기서 주목할 점은 샬라멜과 그의 팀이 가장 먼저 한 일이다. 그들은 우선 생성형 AI라는 기술을 어떻게 바라볼지를 규정한 다음, 조직 차원의 전략을 세웠다. AI와 관련해 구체적인 행동이나 커뮤니케이션, 프로그램을 시작하기 전에 이러한 판단부터 내린 것이다. 그들은 생성형 AI가 누구나 쉽게 사용할 수 있는 도구가 될 것이며, 전 직원이 이를 적극적으로 받아들인다면 생산성과 혁신 측면에서 회사가 원하는 수준의 경쟁력을 확보할 수 있으리라 생각했다. 그러면서도 그들은 과거 PC나 인터넷이 사람들의 생산성과 협업 방식, 혁신 속도를 근본적으로 바꿔놓았듯 생성형 AI도 비슷한 효과를 가져오리라 보았다. 이는 AI 퍼스트 사고방식의 한 가지 원칙을 실행에 옮긴 모범 사례라 할 수 있다. 그 원칙이란 생성형 AI의 힘에 대한 이해와 확신을 가지고 주저 없이 행동에 나서야 한다는 것이다.

샬라멜은 조직 전체가 AI 퍼스트 사고방식과 AI 활용 능력을 갖추고 처리 능력과 생산성에서 한 단계 도약을 이룰 수 있도록 AX 프로그램을 설계해야 한다고 최고경영진에 조언했다. 이러한 전환은 회사가 반드시 추진해야 할 일이자 샬라멜에게 주어진 임무였으며, 이를 가능하게 할 기술 역시 이미 준비되어 있었다. 샬라멜은 모더나가 AI를 도입하면 업무 방식과 생산성을 크게 개선함으로써 훨씬 더 많은 인력을 보유한 조직과 비슷한 성과를 낼 수 있으리라 보았다. 이는 회사 제품의 수요가 폭발적으로 증가하는 상황에서도 인력을 그만큼 빠르게 채용할 수 없었던 모더나에 매우 중요한 문제였다.

스티브 잡스는 개인용 컴퓨터를 '사고의 자전거'에 비유한 것으로 유명하다. 사람은 자전거를 타는 순간 전혀 다른 존재가 된 것처럼 같은 에너지로 훨씬 빠르고 멀리 이동할 수 있다. 자신의 힘만으로도 말이나 새 같은 다른 종의 속도와 이동 범위를 따라잡을 수 있게 되는 것이다. 컴퓨터는 인간의 사고 능력에 자전거와 같은 효과를 가져왔다. 샬라멜과 그의 팀은 조직 전체가 생성형 AI를 적절한 방식으로 받아들이면 업무 속도와 생산성에서 이와 유사한 수준의 변화를 가져올 수 있다고 보았다.

이에 따라 AX팀은 샬라멜이 컨설턴트와 교수, 구글의 AX책임자로서 연구하고 글로 쓰고 실행에 옮겨온 원칙들을 바탕으로 전환을 추진할 방안을 구상했다. 샬라멜이 이전의 경험에서 얻은 한 가지 교훈은 전형적인 교육 프로그램이나 강의만으로는 제대로 된 전환을 이룰 수 없다는 것이었다. 이러한 전환은 조직의 문화 속에 스며들어야 하며, 이를 위해서는 구성원들이 이 모든 변화가 자신과 회사의 목표를 이루는 데 어떤 도움을 주는지를 깊이 이해하고 믿게 만들어야 한다.

"그래서 마송과 저는 전환을 위한 하나의 모델을 머릿속에 그렸습니다." 샬라멜이 열띤 어조로 말했다.

이 모델은 무엇보다 먼저 '사용자', 그러니까 회사의 직원들을 중심에 둡니다. 모더나의 직원들은 누구한테 떠밀려서가 아니라 스스로 변화를 원해야 해요. 진심으로 변화를 원하는 사람은 변화에 그만큼 시간을 투자하기 마련입니다. 사람들이 어떻게 시간을 쓰는지를 보면, 그들이 정말로 변화를 원하는지 알 수 있어요. 그래서 이 모델은 세 가지 요소로 이루어집니다. 문화, 비즈니스, 그리고 기술이죠.

흔히 '사람, 프로세스, 기술'이 중요하다고들 이야기합니다. 하지만 저는 인사 담당자가 아니라 전환을 이끄는 사람이에요. 사람들의 행동을 바꿔 비즈니스 가치를 만들어 내려면, 사람이 아니라 문화를 바꿔야 합니다. 결국 이러한 전환은 직원들에게 비즈니스적으로 매우 중요한 일이 되어야 하고, 그들이 이루고 싶어 하는 목표를 현실로 만들어줘야 합니다.

이건 단순히 프로세스의 문제가 아니에요. 저는 이제 IT 담당자가 아닙니다. 여기에 프로세스를 정립하러 온 것도 아니고요. 저는 기술을 토대로 조직의 문화와 비즈니스를 바꾸기 위해 이 자리에 있습니다. 그리고 여기에는 하나의 틀을 더 덧붙여야 합니다. 우리는 이를 거버넌스라고 불러요. 전환이 조직 전반으로 확산되고 실제로 성과를 내기 시작하면, 지금처럼 폭발적인 성장이 일어나는 상황에서는 전체 생태계를 운영하기 위한 규칙이 필요해집니다. 전환의 범위를 넓혀도 조직이 문제없이 돌아가려면 안전장치와 분명한 경계가 있어야 해요. 하지만 우리가 가장 우선하는 원칙은 변함이 없습니다. 늘 사람을 중심에 두는 것이죠.

샬라멜이 말한 내용을 정리해 이 책에서 살펴본 몇 가지 교훈과 연결해보자.

- 샬라멜의 방법론은 '왜 전환하려는지부터 이해해야 한다'는 생각에서 출발한다. 회사와 리더가 달성하려는 핵심 목표는 무엇이며, 어떻게 하면 조직의 변화나 기술 중심의 전환을 통해 그 목표를 가장 효과적으로 달성할 수 있을까? 지금도 잘 작동하는 부분과 문제가 생긴 부분은 어디인가? 각 부서와 회사 전체의 목표를 달성하려면 조직이 어떤 방식으로 일하고 어떤 결과를 만들어내야 하는가? 모더나의 경우, 생산성과 처리 능력, 의사결정과 커뮤니케이션의 속도를 끌어올리는 것이 가장 중요한 목표였다.
- 본격적인 전환을 추진하기 전에, 이를 가로막는 근본적인 문제는 없는지, 기술과 프로세스의 전환을 통해 개선할 수 있는 부분

은 무엇인지를 점검해야 한다. 모더나의 경우, IT 인프라가 문제였다.

• 특정 기술에서 결정적인 돌파구를 찾으면(모더나의 사례에서는 챗GPT가 그 돌파구였다), 그 기술을 조직 전체가 사용할 수 있도록 해야 한다. 여기서 중요한 점은 구성원 모두가 그 기술이 자신의 목표를 달성하는 데 어떤 도움을 주는지를 깊이 이해하고, 변화를 강요받는다고 느끼기보다 스스로 변화를 원하게 만들어야 한다는 것이다.

그렇다면 조직 전체가 생성형 AI의 혁신적인 성격을 실감하고 이해하게 만들려면 어떻게 해야 할까? 사람들이 이 기술을 쓰고 싶어지고, 더 알아보기 위해 기꺼이 시간을 투자하게 하려면 무엇이 필요할까? 그 답은 최대한 많은 사람의 관심을 끌 만한 재미있는 도전 과제를 만드는 데 있다.

그리하여 모더나의 AX는 프롬프트 공모전으로 시작됐다. 그렇다. 프롬프트 공모전이다. 다소 생뚱맞게 들릴 수도 있지만, 실제로는 굉장히 영리하고 효과적인 방식이었다. CEO가 팟캐스트로 대회의 시작을 알리고 우승자에게는 보상이 주어지며, 전 직원이 참여할 수 있는 형태의 공모전을 떠올려보라. 샬라멜과 그의 팀은 최고경영진의 후원하에 게임의 요소와 재미, 기술을 적절히 결합한 공모전을 세심하게 기획해 전 직원의 참여를 유도하고자 했다.

당시의 상황을 다시 한번 정리해보자. 2023년 중반, 샬라멜과 AX팀은 모더나에 합류한 지 2년이 되어가고 있었다. 6개월 전 오픈AI가 출시한 챗GPT는 사용자 수 1억 명을 돌파하며 역사상 가장 빠른 속도로 전파된 기술이 되었다. 하지만 아직 챗GPT 엔터프라이즈는 출시되지 않은 시점이었다. 폭발적인 인기를 끈 일반 사용자용 챗

GPT는 기업용 API 기반 제품만큼 보안과 기밀성을 제공하지 못했다. 따라서 샬라멜과 그의 팀은 이 기술을 어떤 형태로 조직에 도입할지, 그리고 이를 어떤 방식으로 추진할지를 고민해야 했다.

여기에 더해 그들은 생성형 AI를 업무 현장에서 바로 사용할 수 있는 형태로 만드는 한편, 모든 직원이 즐겁게 참여하며 이 기술의 혁신적 힘을 체감할 수 있도록 유도할 방법까지 설계해야 했다. 이를 위해 그들은 2016년 모더나에 합류한 베테랑 엔지니어이자 2021년부터 이미 생명과학 분야에서 생성형 AI를 응용할 방법을 연구해 논문을 발표해온 앤드루 기셸Andrew Giessel에게 도움을 요청했다(기셸은 이후 모더나의 AI 엔지니어링 책임자가 되었다). 기셸은 AX팀의 생각을 마음에 들어 했고, 챗GPT의 API를 기반으로 사내용 AI 챗봇을 개발했다. 이 챗봇은 챗GPT 공식 웹사이트가 제공하는 기능을 대부분 수행할 수 있으면서도 기밀성과 보안을 갖췄으며, 사용 현황을 추적하거나 AI 활용법에 대한 조언을 제시하는 등 AX팀에 필요한 맞춤 기능까지 포함했다. 이것이 앞서 말한 '엠챗'이다.

하지만 샬라멜과 그의 팀은 단순히 엠챗을 만들어 배포하는 데서 그치지 않고, 구성원 모두가 이 도구의 필요성을 이해하고 자발적으로 써보고 싶어지도록 만들 방법을 찾고자 했다. 그래야만 그들이 기대하던 변화를 현실로 만들 수 있었기 때문이다.

AX팀이 우선 집중한 대상은 최고경영진이었다. CEO 방셀을 비롯한 모더나의 최고경영진은 일종의 부트캠프 과정에 참여해 챗GPT의 구체적인 작동 방식과 플랫폼으로서의 잠재력을 집중적으로 학습했다. 모더나는 이미 핵심 업무에 AI를 활용하고 있었고, AI에 능숙한 연구자들이 리더 자리에 올라 있었기 때문에, 자연어 프롬프트만으로 작동하는 챗GPT가 얼마나 큰 변화를 가져올지 비교적 쉽게 이해할 수 있었다. 최고경영진이 챗GPT를 써보며 그 놀라운 잠재력을 실감한 뒤, 방셸은 그가 진행하던 사내 팟캐스트에서 한 회차를 할애해 챗GPT와 생성형 AI를 소개하고 그 혁신적인 힘을 설파했다. 그리고 방송의 말미에는 직원들에게 엠챗에 등록하라고 안내하면서 재미있고 보상도 푸짐한 프롬프트 공모전에도 참여해달라고 독려했다.

샬라멜과 그의 팀은 프롬프트 공모전을 본격적으로 시작하기 전, 이 이야기의 주요 인물 중 하나인 데이비드 포터에게 도움을 요청했다. 포터는 샬라멜이 IT 인프라를 정비하는 일을 맡았을 때 직접 영입한 인물로, 디지털 교육과 디지털 리터러시 분야에서 오랜 경험을 쌓으며 기술을 조직에 전파하고 정착시키는 일을 해온 전문가였다. 샬라멜과 포터는 전 직원을 대상으로 기본적인 AI 교육을 제공하기 위해 온라인 AI 아카데미를 운영했으며(현재는 포터가 AI 아카데미를 이끌고 있다), 공모전을 진행하기에 앞서 사전 교육 프로그램과 상담 창구도 마련했다. 이는 지금까지 우리가 거듭 강조해온 핵심 원칙, 즉 기본적인 수준의 AI 리터러시를 갖추도록 돕는 훈련과 교육이야말로 AI 퍼스트 실행 전략의 출발점이자 가장 중요한 토대라는 것을 잘 보여준다. 최첨단 AI 시스템과 이를 뒷받침하는 LLM의 작동 원리에 대한 최소한의 이해를 갖추고, 기본적인 프롬프트 작성법까지 익히면, 사람들은 일상 업무에서 AI를 훨씬 자연스럽게 사용하고, AI의 강점과 한계를 파악하면서 AI의 잠재력을 최대한 끌어낼 수 있다. 우리는 앞서 하버드와 BCG, 이선 몰릭 교수의 연구에서도 AI 교육을 조금이라도 받은 대조군이 실험에서 가장 뛰어난 성과를 보였다는 사실을 확인했다.[6]

이렇듯 샬라멜과 AX팀은 공모전을 준비하는 단계에서부터 방셀의 팟캐스트로 대회를 홍보하고 AI 아카데미를 운영하며 엠챗을 공개하는 등 많은 공을 들였다. 여기에 더해 그들은 공모전의 투표 방식과 보상 체계 역시 세심하게 설계했다. 모든 직원은 회사 전체가 사용하는 팀즈(인트라넷)를 통해 공모전에 참여했으며, 각 직원은 결과물 제출과 투표, 소통을 위한 개인 채널을 직접 만들었다. 제출된 모든 아이디어는 누구나 쉽게 추천을 누르거나 댓글을 달거나 아이디어를 덧붙일 수 있었다. 그리고 투표 결과 회사의 주요 조직별로 가장 많은 표를 받은 직원 세 명씩을 우승자로 선정했다. 우승 상품은 무엇이었을까? 우승자들은 실리콘밸리로 가서 오픈AI, 앤트로픽, 마이크로소프트 등 생성형 AI 분야를 이끄는 기업과 핵심 인재들을 직접 만날 기회를 받았다.

이 모든 준비를 마친 뒤, 샬라멜과 그의 팀은 프롬프트 공모전을 본격적으로 시작했다. 그들은 전 직원에게 인트라넷에 프롬프트 아이디어를 제출하고, 그 프롬프트로 엠챗과 나눈 대화 중 가장 의미 있다고 생각하는 부분을 공유해달라고 요청했다. 이렇게 하면 모든 부서의 직원들이 생성형 AI를 직접 사용하는 동시에 자신의 학습 결과를 공개적으로 보여주도록 유도할 수 있었다. 이 또한 지금까지 수차례 이야기해온 실행 전략 중 하나다. 생성형 AI가 무엇을 할 수 있는지를 배우는 가장 좋은 방법은 직접 실험하고 사용해본 뒤, 그 과정에서 얻은 배움을 동료들과 나누는 것이다. 프롬프트 공모전은 이 전략을 실현하기에 더없이 효과적인 수단이었으며, 사람들이 부담 없이 일상 업무에서 AI를 사용해보도록 이끌었다. 공모전에 참여한 모더나의 직원들은 간단한 프롬프트를 가지고 AI와 대화를 주고받으면서 생성형 AI가 무엇을 잘하고 어떤 점에서 아직 부족한지, 그리고 어떤 프롬프트 기법이 가장 효과적인지를 체감할 수 있었다.

공모전의 결과는 샬라멜의 기대를 훌쩍 뛰어넘었다. "당시만 해도 회사에서 가장 큰 팀즈 채널에 참여한 사람이 90명 정도였어요. 그래서 공모전을 위해 새로운 채널을 열고, 누구나 참여할 수 있게 했죠. 그랬더니 몇 달 만에 그 채널의 활성 사용자가 3000명까지 늘어났어요. 사실상 회사 전체가 참여한 셈이었죠. 직원들이 제출한 프롬프트는 400건이 넘었고, 그중에서 엠챗과 생성형 AI를 활용해 업무 방식을 크게 개선할 수 있는 수준 높은 해법 180개를 골라냈습니다. 그리고 이를 기념하기 위해 사내 인트라넷에 '여러분에게서 배운 AI에 관한 180가지'라는 제목의 글을 올렸어요."

샬라멜의 동료 마송은 그동안의 인터뷰와 IT 인프라 정비, 엠챗 구축, 교육과 훈련 프로그램이 결실을 맺기 시작했다고 느꼈다. "공모전을 시작할 때만 해도 응모 건수가 100건 정도 나오면 성공이라고 생각했어요. 400건이 넘어간 건 정말 예상 밖이었죠. 이건 분명 그동안 많은 준비를 해왔기 때문에 나온 성과라 생각합니다. 우리는 AI 아카데미를 통해 사람들이 AI를 이해하고 최신 동향을 계속 따라가도록 독려해왔죠. 이 모든 과정은 '가능한 모든 영역을 디지털화한다'는 우리의 핵심 원칙과도 맞닿아 있었어요. 그러니까 이 공모전은 우리가 가진 사고방식을 그대로 실행에 옮긴 결과였던 셈입니다."[7]

이 공모전은 구성원들 사이에서 입소문을 타고 빠르게 이목을 끌면서 모두가 참여하는 분위기를 만들어냈다. 다시 말해, 이는 처음부터 이러한 반응을 끌어내기 위해 치밀하게 설계한 이벤트였다. 마송이 이야기를 이어갔다.

사람들은 새로운 도구를 자연스럽게 받아들이고, 자신이 무엇을 하고 있는지 공유하기 시작했어요. 우리는 모더나가 중요하게 여기는 사고방식을 적극적으로 장려했죠. 바로 다른 사람의 아이디어를 받아들이고, 그 위에 새로운 생각을 덧붙여 발전시키려는 태도입니다. 그래서 우리는 참가자들이 아이디어를 제출할 때는 자신이 사용한 프롬프트와 함께 그것이 어떤 점에서 도움이 되었는지를 설명하도록 했습니다. 그런 다음에는 다른 사람들이 그 프롬프트를 보고 개선할 점을 제안하도록 유도했죠.

마송의 말은 프롬프트 공모전이 AX의 출발점으로서 큰 성공을 거둔 이유를 잘 보여준다. 이 공모전은 위에서 일방적으로 강요하는 일회성 교육 프로그램이 아니었다. AX팀은 공모전의 핵심 내용에 회사의 여러 부서가 직면한 현실적인 문제들을 반영하는 한편, 구성원들이 상호작용할 수 있는 방식으로 대회를 설계했다. 그리고 그 바탕에는 직원들이 새로운 도구를 일상 업무에서 계속 활용하도록 도움을 줄 실무 중심의 프롬프트 훈련과 AI 교육이 있었다. 이 모든 과정은 결국 조직의 AX로 이어져 생산성 향상과 혁신이라는 성과를 가져올 것이었다.

샬라멜은 공모전이 좋은 성과를 낸 이유를 이렇게 설명했다. "공모전이 성공할 수 있었던 가장 큰 이유는 타이밍이었다고 봐요. 이 공모전은 단발성 행사로 따로 열린 게 아니었어요. 우리는 공모전을 진행하는 동시에 엠챗을 만들어 직원들이 생성형 AI를 바로 사용해볼 수 있게 했죠. 그러다 보니 생성형 AI를 긍정적으로 받아들이는 분위기가 만들어졌어요. 엠챗이라는 이름도 '모더나 챗'에서 따왔죠. 그렇게 해서 이 도구는 자연스럽게 모더나가 일하는 방식을 상징하는 존재가 됐고, 조직 문화의 일부로 자리 잡았습니다." 이어서 그는 이 모든 일을 진행하는 과정에서 AI 교육과 훈련이 얼마나 중요한 역할을 했는지도 강조했다.

> 그러면서 우리는 사람들이 필요할 때 언제든 참고할 수 있는 교육 자료도 만들었어요. 개념을 최대한 단순하게 설명해서 빠르게 요지를 파악할 수 있도록 했고, 사람들이 지금 어떤 방식으로 AI를 활용하고 있는지 이해할 수 있도록 몇 가지 가이드도 제공했죠. 그중에서도 우리가 일찍부터 제시한 가장 단순한 가이드는 이런 거였어요. '조심하세요. 이 프롬프트 입력창을 인터넷 검색창으로 착각하시면 안 됩니다.' 생성형 AI는 업무 방식을 완전히 바꿔놓았습니다. 이제는 실행에 옮겨야 할 구체적인 작업을 명확한 지시로 AI에 전달해야 하죠. 그래서 우리는 프롬프트에 어떤 요소들을 포함해야 하고 어떤 식으로 구조를 잡아야 하는지 소개했고, 이것이 조직원들에게 많은 도움이 됐습니다.

샬라멜과 그의 팀은 엠챗에 내장된 생성형 AI 기능을 활용해 공모전에 나온 응모작과 투표, 댓글, 추가 아이디어를 정리했고, 그 결과를 직원들에게 공유하며 공모전의 진행 상황을 알렸다. 이는 앞서 다른 사례들에서도 이야기했던 주제를 다시 한번 강조한다. AI를 단순히 결과물을 만드는 도구로 쓰는 데서 그치지 말고, 비즈니스 자체를 바꾸는 데 활용하라는 것이다. AI는 그 자체로 하나의 도구인 동시에 그 도구가 조직 전반으로 퍼져 효과적으로 쓰이게 하는 안내자이기도 하다. "우리는 엠챗을 사용해 직원들이 낸 모든 제안을 정리하고 공모전 전체를 운영했어요. 엠챗이 없었다면 그 많은 인원이 짧은 시간 동안 쏟아내는 의견을 감당하지 못했을 거예요. 이 사실을 깨닫고 나서는 'AI를 위한 AI'라는 제목으로 자조 섞인 게시글도 하나 올렸죠. 이제는 AI를 활용하지 않고서는 AI를 주제로 한 공모전을 운영할 수조차 없다는 사실을 설명한 글이었어요."

여기서 한 가지 주목할 점은 AX팀이 직원들의 투표 결과 가장 반응이 좋았던 프롬프트들을 추려낸 뒤, 회사가 AI를 어디에, 어떻게 활용할 수 있을지에 대한 인사이트를 요약하고 분류할 때도 AI를 사용했다는 것이다. 그리하여 회사는 공모전을 진행하는 과정에서 자연스럽게 AI가 조직에 미칠 영향을 평가하고, AI의 활용 방향에 대한 로드맵을 마련할 수 있었다. 앞서 설명했듯, 이는 AI를 도입하기 위한 실행 전략에서 매우 중요한 단계다. 그런데 모더나에서는 이를 위해 별도의 분석을 진행한 것이 아니라, 프롬프트 공모전을 열어 모든 구성원이 참여하는 과정에서 저절로 AI의 영향과 활용 방향에 대한 평가까지 이루어진 것이다.

또 하나 흥미로운 사실은 이 공모전을 계기로 AI 퍼스트 조직이라면 반드시 갖춰야 할 AI 협의체가 자연스럽게 만들어졌다는 것이다. 공모전 과정에서 직원들이 보여준 참여도와 열정이 AI 협의체에 어울리는 사람들을 가려내는 기준이 된 것이다. 이처럼 샬라멜과 그의 팀은 공모전을 진행해 프롬프트를 제출하고 응모작에 투표하고 수상자를 뽑는 과정에서 구성원들의 참여를 이끌어낸 것만으로도 의미 있는 여러 성과를 얻을 수 있었다. 그들은 직원들이 프롬프트를 제출하거나 댓글로 아이디어를 제시하는 과정에서 가장 열정적이고 숙련도가 높으며 적극적으로 엠챗을 사용하는 사람이 누구인지 확인할 수 있었다. 이렇게 해서 AI 협의체의 중심축이 될 만한 집단이 형성되자, AX팀은 그들을 '생성형 AI 챔피언팀^{Gen AI Champions Team}(이하 GACT)'이라 불렀다. 샬라멜은 이 과정을 다음과 같이 설명했다.

> 공모전은 직원들이 서로가 제출한 프롬프트를 보고 투표하는 방식으로 이루어졌어요. 그러다 보니 누가 공모전의 챔피언이 될지가 자연스럽게 드러났죠. 좋은 프롬프트를 잘 찾아내고, 동료들이 기꺼이 표를 줄 만큼 신뢰를 받는 사람이라면, 그만큼 실력과 영향력을 두루 갖춘 사람이라는 뜻이잖아요. 그런 사람이 바로 우리가 찾는 챔피언이었죠. 그래서 우리는 그들에게 AI를 조직에 전파하는데 함께해달라고 요청했고, 회사 안에서 처음으로 100명의 AI 챔피언을 선발할 수 있었어요. 여기에 더해 사람들이 서로에게 투표하는 구조가 조직 전체에 활기를 불어넣었죠.

앞서 설명했듯, 적절한 수준의 AI 교육을 통해 활용 능력을 갖춘 다양한 부서의 구성원과 리더들을 모아 협의체를 만드는 것은 AX에서 매우 중요한 일이다. 이 협의체는 조직이 AI 사용 정책을 계속 수립·보완·관리하고, 새로운 AI 제품이나 기능을 평가하거나 시험하고, 조직 내에서 AI를 향한 관심을 유지하고, AX와 관련한 전략과 비전을 전파하는 데 핵심 역할을 한다. 일반적으로 AI 협의체는 조직 안에서 4~8명 정도의 작은 규모로 운영된다. 하지만 모더나는 GACT라는 일종의 대규모 AI 협의체를 만들어냈으며, 프롬프트 공모전을 통해 전 직원 가운데서 이 팀에 어울리는 구성원들을 자연스럽게 선별해낼 수 있었다.

⟳

프롬프트 공모전이 끝난 뒤, GACT는 모더나에서 AI 전환을 지속하는 핵심 동력으로 자리매김했다. 이 팀은 한 달에 두 번씩 회의를 열었고, 참석률은 60~70퍼센트에 달했다. 그룹의 규모를 생각하면, 결코 적은 수치가 아니었다. GACT는 당초 공모전에 참여한 직원 중 가장 적극적이고 AI 활용에 능숙한 100여 명으로 꾸려졌지만, 시간이 지나면서 빠져나가는 사람들이 생기고, 이 역할에 잘 맞는 사람들이 남으면서 지금의 팀이 만들어졌다.

GACT의 운영은 상당 부분 구성원들의 자율에 맡겼다. 샬라멜은 이를 비디오게임 〈월드 오브 워크래프트World of Warcraft〉의 길드에 비유했다. "이건 제가 게임을 하면서 배운 거예요. GACT도 게임의 길드처럼 자율적으로 운영됩니다. 구성원들끼리 리더를 뽑고, 그룹을 만들죠. 게임에서 사람들이 길드를 만들고 리더를 세우는 것처럼요. 저는 여기에 거의 간섭하지 않습니다. 다만 리더가 감당하기 벅찬일이 생기면, 살짝 방향을 잡아줄 때도 있죠. 그룹 안에서 갈등이 생기면 대화의 물꼬를 트도록 돕기도 하고요. 그 외에는 GACT가 알아서, 돌아가도록 저는 최대한 관여하지 않는 편입니다."

　　GACT와 그들이 운영하던 팀즈 채널과 게시글, 격주 회의에 더해 샬라멜과 그의 팀은 스타더스트Stardust라는 또 하나의 놀라운 도구를 구상하고 설계했다. 스타더스트는 처음에 기본 지침을 설정하고 나면, 사람의 개입이나 검토 없이도 직원들이 엠챗에 입력한 프롬프트를 바탕으로 각 직원에게 평가와 피드백을 제공하는 AI 에이전트다. 이 에이전트는 매주 직원들에게 이메일을 보내 다음 단계에서 시도할 만한 행동이나 프롬프트를 제안했으며, 엠챗을 비슷한 방식으로 활용하는 직원들을 연결해 주기도 했다. 서로의 경험을 공유하고, 그 과정에서 함께 배우는 것이 모두에게 도움이 되리라는 판단에서 나온 기능이었다.

　　공모전이 열리고 엠챗과 GACT, 스타더스트가 자리를 잡은 뒤 몇 달이 지나 모더나는 모든 직원이 사용하던 엠챗을 오픈AI의 챗GPT 엔터프라이즈로 대체하기로 했다. 2023년 말, 챗GPT 엔터프라이즈는 웹 브라우징 기능, 맞춤형 GPT 생성 기능, 멀티모달 도구를 추가하고 시스템 프롬프트를 개선하는 등 서비스 전반에 걸쳐 많은 개선을 이루었다. AX팀은 직원들이 엠챗을 통해 AI를 활용한 업무 방식에 충분히 익숙해졌다고 보고, 앞으로는 오픈AI 같은 대형 AI 플랫폼 업체의 도구를 도입하는 것이 더 합리적이라고 판단했다. 이에 따라 모더나에서는 사내에서 만든 엠챗을 계속 사용할지 아니면 상용 제품인 챗GPT 엔터프라이즈를 도입할지, 그리고 새 도구를 도입한다면 사용 권한을 어디까지 부여할지를 놓고 논의한 끝에, GPT 전면 도입을 결정했다. 이후 모더나는 회사의 모든 지식 노동자에게 챗GPT 엔터프라이즈의 라이선스를 제공했으며, GACT가 중심이 되어 새 도구를 관리하고 활용 방안을 안내하도록 했다.

그 결과 챗GPT 엔터프라이즈는 모더나에서 빠르게 자리를 잡았다(그림 7-1 참고). 샬라멜은 당시의 일을 이렇게 회상했다.

> 회사는 먼저 엠챗을 사용하는 시기를 거친 뒤에 챗GPT 엔터프라이즈를 도입했습니다. 웹 브라우징, 코딩, 이미지 생성 등 내장된 기능이 훨씬 많아서 기능 면에서는 비교가 안 될 정도였죠. 그러면서 우리는 직원들이 새 도구를 빨리 받아들여 숙련도를 높이도록 훨씬 강하게 밀어붙이기 시작했습니다. 그전까지는 직원들의 자발적인 참여와 호의에 기대어 AI를 실험하는 단계에 가까웠죠. 하지만 이 시기부터는 본격적으로 나서야 할 때라는 판단이 섰어요. 이제는 숫자로 보이는 성과를 만들어내야 했죠. 아마 이 부분이 특히 흥미로우실 텐데, 저희는 데이터를 중심으로 움직이는 조직이다 보니 챗GPT를 도입한 이후의 변화 과정을 꾸준히 추적하고 기록해 왔습니다.

우리가 모더나의 AI 리더들을 인터뷰할 당시는 모더나가 AI 퍼스트 전환을 본격적으로 시작한 지 9개월이 지난 시점이었다. 모더나는 전환을 시작한 직후 프롬프트 공모전을 열어 GACT를 꾸리고 수상자들을 실리콘밸리로 보냈다.

우리는 오픈AI의 소개글을 통해 이러한 변화가 생산성과 지식

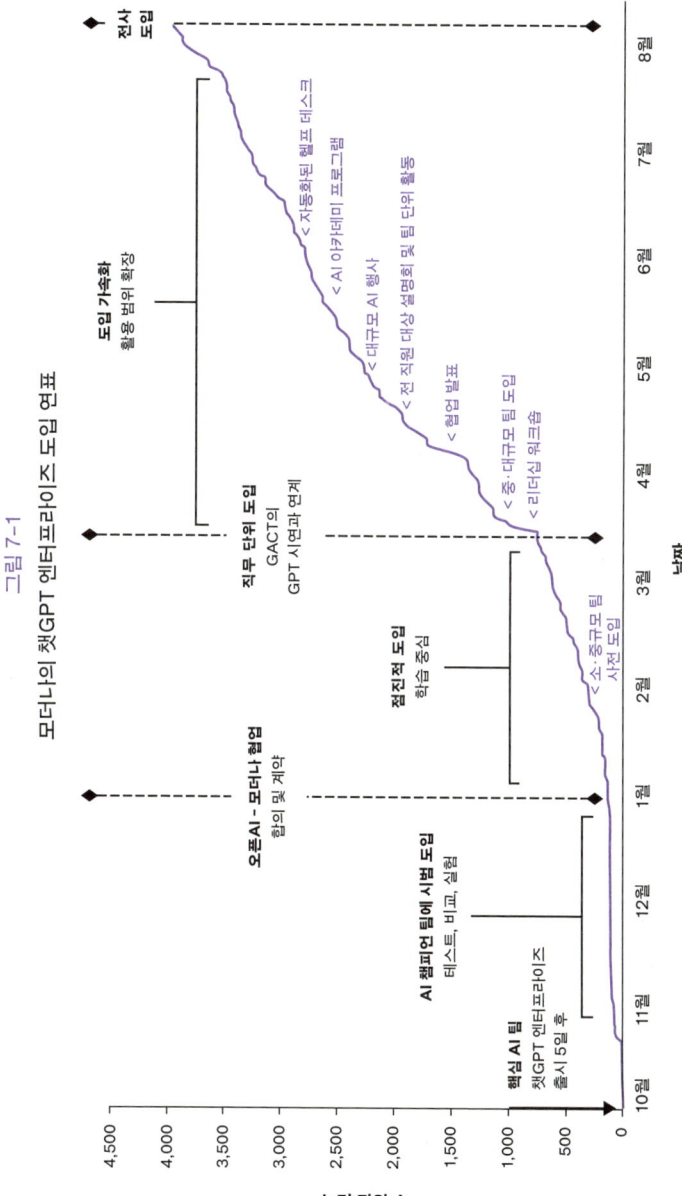

그림 7-1

모더나의 챗GPT 엔터프라이즈 도입 연표

누적 직원 수

4,500
4,000
3,500
3,000
2,500
2,000
1,500
1,000
500
0

10월 11월 12월 1월 2월 3월 4월 5월 6월 7월 8월

날짜

전사 도입

도입 가속화
활용 범위 확장

직무 단위 도입
GACT의
GPT 시연과 연계

오픈AI - 모더나 협업
합의 및 계약

점진적 도입
학습 중심

AI 챔피언 팀에 시범 도입
테스트, 비교, 실험

핵심 AI 팀
챗GPT 엔터프라이즈
출시 5일 후

<자동화된 헬프 데스크>
<AI 아카데미 프로그램>
<대규모 AI 행사>
<전 직원 대상 셀프화 및 팀 단위 활동>
<협업 발표>
<중·대규모 팀 도입>
<리더십 워크숍>
<소·중규모 팀
사전 도입>

출처: 모더나가 제공한 자료를 바탕으로 재구성, 2024

공유, 혁신, 커뮤니케이션 측면에서 회사에 지속적이고 근본적인 변화를 가져왔다는 사실을 깨달았지만, 여기서 멈추지 않고 한 걸음 더 깊이 파고들고자 했다. 세계적인 수준의 전환 전문가들에게서 AI 퍼스트 전환을 성공적으로 이끈 방법을 자세히 들을 기회였기 때문이다. 그래서 우리는 그들이 왜 이러한 방식으로 전환 과정을 설계했는지, 그리고 이 방식이 조직 안에서 자연스럽게 받아들여질 것이라 생각한 이유가 무엇인지를 중심으로 질문을 던졌다.

우리가 이 점에 관해 묻자, 샬라멜은 가장 먼저 OKR을 언급했다. OKR은 목표와 핵심 결과Objectives and Key Results의 줄임말이다. 이는 조직과 개인이 목표를 달성하는 데 얼마나 가까워지고 있는지를 점검하기 위한 목표 설정 방법론이다. 여기서 목표란 무엇을 이루고자 하는지를 분명하게 보여주는 도전적인 목표를 말하며, 핵심 결과는 그 목표를 향해 얼마나 나아갔는지를 나타내는 구체적이고 측정 가능한 성과 지표를 뜻한다. OKR은 조직의 구성원 모두가 무엇을 우선해야 하는지를 분명히 인식한 상태에서 하나의 목표를 향해 움직이도록 돕는다.

샬라멜과 그의 팀이 프롬프트 공모전을 구상하기도 전에 수많은 인터뷰를 진행한 것을 기억하는가? 샬라멜은 당시의 일을 이렇게 설명했다.

> 우리는 늘 OKR 중심으로 일합니다. 저와 아드리앙은 구글에서 이런 방식으로 일하도록 배웠어요. 목표와 핵심 결과를 설정하고, 이후의 모든 활동이 그에 맞게 이루어지고 있는지를 아주 엄격하게 점검하죠. 그리고 이 내용

을 리더들과 공유하고, 서로 방향이 잘 맞는지를 확인해요. 이런 식으로 우리는 모든 일은 OKR 구조에 따라 진행합니다. 그리고 OKR을 정할 때는 항상 전략과 거버넌스, 로드맵, 전환이라는 4가지 축을 기준으로 삼습니다. 전략은 말 그대로예요. 우리가 이 일을 어떤 관점에서 바라보는지, 어디로 향하고 있고 무엇을 이루려 하는지를 다루는 거죠. 거버넌스는 이 일을 효율적이고 안전하게 조직 차원으로 확대하려면 구조를 어떻게 짜야 할지를 묻는 일이고요. 로드맵은 여러 활동을 하나의 흐름으로 묶는 데 초점을 맞추며, 전환은 이를 바탕으로 적용 범위를 넓히는 일을 말합니다.

샬라멜은 4장에서 언급한 알파고 프로젝트와 바둑의 원리를 일정 부분 참고해 이러한 접근 방식을 구상했다고 말했다. 바둑은 가능한 경우의 수가 워낙 방대해서, 현실의 삶이나 비즈니스에서 어떤 목표를 이루려 할 때 온갖 요인이 뒤섞여 영향을 미치는 상황과도 닮은 면이 있다. 바둑에서 규칙상 나올 수 있는 경우의 수는 약 2.1×10^{170}개로 추정되는데, 이는 관측 가능한 우주에 존재하는 원자의 수보다도 많다. 이 때문에 바둑은 체스와는 비교가 안 될 만큼 복잡한 게임으로 여겨진다.

샬라멜은 조직이 AX에 성공하는 일은 체스보다 바둑을 두는 것에 더 가깝다고 말했다. "우리는 바둑의 원리에 따라 움직입니다. 이건 누군가와 싸워 이기고 지는 체스 게임이 아니에요. 그보다는 하나씩 영역을 만들어가는 과정에 가깝죠. '영역을 확장하고 이해하며, 바깊으로 가지를 뻗어 나간다'는 바둑의 원리를 적용하면 조직의 전환을 상상하는 데 훨씬 도움이 됩니다. 그래서 우리는 늘 무엇을 정리하고 통합하며, 어디서부터 확장해야 할지를 스스로에게 묻습니다."

그렇다면 바둑에서 영역을 넓혀 목적을 달성하듯, 생성형 AI 시대에 맞게 새로운 기업 문화라는 영역을 만들어내려면 어떤 행동들이 뒷받침되어야 할까? 살라멜에 따르면 변화에 필요한 핵심 행동은 다음과 같다.

- 데이터에 기반해 판단하라
- 참여하고 학습하라(성장형 사고방식)
- 협업하고 공유하라
- 혁신하고 실험하라
- AI를 비즈니스에 통합하라
- 성과를 측정하고 진행 상황을 추적하라

모더나는 그럴듯하게 형식만 갖춘 채 서둘러 AX를 추진하지 않았다. 그들은 기술 중심의 전환과 혁신을 중시하는 문화를 바탕으로 자연스럽게 AI를 도입했다. 이에 따라 모더나에서는 AX 분야에 전문성과 경험을 갖추고 AI 기술과 그 가능성을 깊이 이해한 리더들이 전환 과정을 세심하게 설계했다. 그들은 최고경영진의 지원 아래 AI 교육과 훈련 프로그램을 마련하고, 프롬프트 공모전 같이 모든 직원이 참여해 AI를 사용해보는 활동을 기획하는 등 효과가 입증된 다양한 수단을 활용해 조직의 변화를 이끌어냈다.

그래서 우리는 그들에게 다음과 같은 질문을 던지고자 했다. "모더나의 AX는 실제로 효과가 있었을까? 회사의 리더들은 이를 ROI 관점에서 어떻게 바라보거나 설명하고 있을까?"

ROI와 관련해 우리가 가장 먼저 눈여겨본 것은 오픈AI의 소개 글에 실린 스테판 방셀의 말이다. 방셀은 모더나가 조직을 AI 중심으로 전환한 덕분에 직원을 5000명 수준으로 유지하면서도 훨씬 큰 회사처럼 일할 수 있게 되었다고 강조했다. 요컨대, 모더나는 AX를 통해 생산성과 업무 능력을 대폭 끌어올릴 수 있었다는 것이다. 그리고 모더나는 이렇게 높아진 생산성을 바탕으로 비용을 절감하기보다는 기존의 비용 구조를 유지한 채 조직의 처리 능력과 산출 규모를 크게 늘리는 데 집중했다. 방셀의 말이 사실이라면, 모더나의 AI 퍼스트 전환 프로그램은 이를 구상하고 실행하는 데 들어간 시간과 노력, 비용 대비 엄청난 효과를 거두었다고 볼 수 있다.

우리가 방셀의 발언과 ROI라는 주제에 관해 샬라멜에게 묻자 그는 먼저 그동안 마음속에 담아두었던 이야기를 꺼냈다.

> 솔직히 말해서 생성형 AI의 효율성이나 실효성을 의심하는 사람들을 보면 우리가 딴 세상에 사는 것 같다는 생각이 듭니다. 모더나에서는 AI의 힘을 하루에도 십수 번씩 눈으로 확인하고 있으니까요. 그래서 저는 그런 의문이 잘 이해가 가지 않습니다. 아마도 저는 하이프사이클hype cycle에서 말하는 '환멸의 골짜기trough of disillusionment'를 이미 지나온 것이고, 다른 사람들은 아직 그 뒤에서 골짜기

아래로 미끄러지고 있는 단계일지도 모르죠. 저는 골짜기 반대편에서 멀찍이 떨어진 채 그들을 보고 있으니 더더욱 공감하기가 어려운 것일 테고요. 이렇게 많은 일이 눈앞에서 현실로 이루어지고 있는데, 왜 그렇게들 의심의 눈초리를 거두지 못하는 걸까요?

샬라멜이 언급한 하이프사이클은 미국의 IT 전문 리서치 기업 가트너Gartner가 기술의 성숙도를 나타내기 위해 만든 그래프다. 그림 7-2에서 알 수 있듯, 이 그래프는 새로운 기술에 대한 대중의 기대가 한번 치솟았다가 급격히 줄어든 뒤, 다시 점진적으로 올라가는 모습을 보여준다.

그림 7-2
가트너의 하이프 사이클

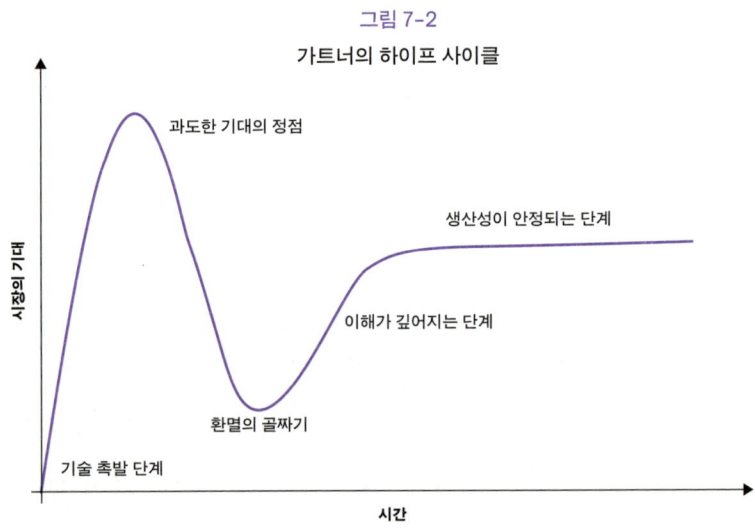

출처: Jeremy Kemp/Gartner Research, 2007.

모더나에서는 AI 퍼스트 전환을 통해 생산성과 처리 능력, 혁신, 성과 면에서 엄청난 진전이 나타나는 것을 확인하면서 어느 순간부터 이러한 변화를 ROI로 설명하지 않게 되었다. 우리가 언제 그런 단계에 도달했는지, 회사 내부의 회의적인 시선을 어떻게 설득했는지 묻자 샬라멜은 이렇게 답했다.

> 이 문제가 복잡한 이유는 개별 업무 하나하나를 보면 효율이 말도 안 되게 좋아졌기 때문이에요. 어떤 업무는 5시간이 걸리던 게 10분으로 줄어들기도 하죠. 하지만 그런 업무를 매일 10번씩 하지는 않겠죠. 따라서 AI의 영향을 이해하려면 일상적으로 반복되는 업무뿐만 아니라 자주 하지는 않더라도 시간을 많이 잡아먹는 잡다한 업무들에 AI가 어떤 변화를 가져오는지도 살펴봐야 합니다. 그래서 우리는 스테판의 동의를 얻어 AI의 ROI를 계산하는 데 매달리지 않기로 했어요. 전기의 ROI가 얼마인지, 노트북의 ROI가 얼마인지 따지는 회사는 듣도 보도 못했어요. 저도 그런 수치에는 관심이 없고, 그걸 굳이 계산하는 사람도 없을 겁니다. 저는 생성형 AI 역시 전기나 노트북과 같은 범주에 놓아야 할 만큼 중요한 기술이라 생각합니다.

이 대목은 특히 눈여겨볼 필요가 있다. 최근 들어 많은 리더가 생성형 AI의 힘을 다룬 글을 읽고, 매일같이 뉴스에서 AI 열풍을 접하면서 가장 먼저 보이는 반응이 있다. 비용을 크게 줄이거나 매출을 끌어올릴 거창한 AI 프로젝트부터 추진하려 드는 것이다. 그러면서도 그들은 단번에 판을 바꿀 획기적인 아이디어를 누군가가 대신 제시해주기를 기대한다. 물론 이것도 생성형 AI의 가능성을 이해하는 방식 중 하나겠지만, 이런 식으로만 접근하다 보면 정작 눈앞에 있는 핵심을 놓치기 쉽다.

생성형 AI는 기존의 기술들을 기반으로 하지만 근본적인 차이가 있다. 생성형 AI의 가장 두드러지는 강점은 거의 비용을 들이지 않고도 범용적인 지능을 서비스 형태로 이용할 수 있다는 것이다. 이는 마치 필요할 때마다 화이트칼라나 지식 노동자를 불러 일을 맡기는 것과 같다. 따라서 생성형 AI는 우리가 일하고 의사결정을 내리고 협업하는 방식 자체를 바꿀 수 있다. 대부분의 기업이 가장 먼저 집중해야 할 일은 이러한 지능을 일상적인 업무와 의사결정, 프로세스 전반에 녹여내는 것이다. 그렇게만 해도 기업들은 생산성을 수십 퍼센트 가까이 끌어올릴 수 있으며, 그 효과는 숫자로 드러날 뿐만 아니라 업무 현장에서도 분명히 체감할 수 있다. 기업들은 이러한 기반을 먼저 마련한 다음에야 조직 내에서 고객 경험과 매출, 비용 구조를 획기적으로 바꿀 아이디어를 평가하고 구상하고 실험할 수 있다. 이렇듯 생성형 AI를 인간의 사고를 확장하는 또 하나의 지능으로 활용하면 일상 업무 전반에서 지속적인 이점을 누릴 수 있다. 앞서 샬라멜이 AI가 조직에 완전히 자리를 잡았을 때 ROI가 얼마나 되는지를 묻는 것은 컴퓨터나 전기의 ROI를 묻는 것과 다름없다고 말한 이유가 여기에 있다.

샬라멜에게 이제 막 AX를 시작하려는 경영자들에게 어떤 조언을 해주고 싶은지 묻자, 두 가지 대답이 나왔다. 하나는 생성형 AI에 지나친 환상을 심어주지 말라는 것, 다른 하나는 사람을 믿으라는 것이었다.

생성형 AI는 정말 놀라운 기술이고 발전 속도도 무척 빠릅니다. 그러다 보니 우리는 최신 기능에 계속 관심을 가지면서도 기술의 고유한 한계를 냉정하게 바라봐야 한다는 사실을 잊어버리곤 해요. 전환이라는 건 결국 기술이 아니라 사람의 문제예요. 무엇보다 중요한 건 사람들이 긍정적인 자극을 받으면서도 불안해하지 않도록 그들의 능력을 확장하는 방식으로 기술을 사용하는 겁니다. 이 기술이 자신과 조직에 어떤 변화를 가져올 수 있는지 스스로 깨닫도록 사람들을 믿어주세요. 그리고 그들이 자신의 역량을 마음껏 발휘할 기회를 주세요. 그렇게 하면 사람들은 자신의 일과 삶에서 큰 도약을 이룰 수 있습니다.

대화가 끝나갈 즈음, 샬라멜은 다음과 같은 비유를 들었다.

아이에게 자전거 타는 법을 가르칠 때를 떠올려보세요. 아이들은 어떻게 균형을 잡아야 할지 도무지 모르겠다고 하죠. 그럴 수밖에요. 자전거는 가만히 두면 계속 쓰러지고 알아서 균형을 잡지도 못하니까요. 말하자면 우리는 아이들에게 불가능한 일을 하라고 요구하는 셈이죠. 그런데도 우리는 아이를 정말로 사랑하고 그만큼 믿기 때문에 결국은 해낼 거라는 걸 알아요. 그러다가 마침내 아이가 자전거를 타게 되면, 내가 처음 자전거를 탔을 때보다도 훨씬 기쁘죠.

이야기가 꽤 길어졌지만, 모더나의 사례는 유용한 지침과 실천으로 옮길 만한 아이디어가 워낙 풍부해서 어느 하나도 빼고 싶지 않았다. 이 사례에서 독자들이 배워야 할 점을 한눈에 알 수 있도록 모더나가 AI 퍼스트 실행 전략의 각 요소를 어떻게 구현했는지를 정리하면 다음과 같다.

1. AI 교육과 훈련

• 모더나의 AI 아카데미: 모더나는 모든 구성원이 AI를 받아들이도록 돕고자 AI 아카데미를 만들었다. AI 아카데미에서는 엠챗으로 효과적인 프롬프트를 작성하는 방법 같은 기초적인 내용을 비롯한 AI 사용법 교육을 제공했다.

• 사전 교육 프로그램과 상담 창구: AI 프롬프트 공모전을 시작하기 전, 모더나는 직원들이 AI 도구에 익숙해지고 자신감을 가지도록 사전 교육 프로그램과 상담 창구를 운영했다. 이를 통해 직원들은 각자의 업무에서 AI를 어떻게 활용할 수 있을지 익힐 수 있었다.

2. AI 활용 능력 강화

• 프롬프트 공모전을 통한 활용 능력 제고: 모더나는 전 직원

을 대상으로 프롬프트 공모전을 열어 직원들이 AI 활용 능력을 키우도록 독려했다. 공모전에 참여한 직원들은 자신의 역할과 업무에 맞는 AI 프롬프트를 직접 만들어보며 AI를 배우고 실험했다.

• 사용 지표 관리: 모더나는 직원들이 AI를 얼마나 적극적으로 활용하고 있는지를 꾸준히 살폈다. 이를 통해 회사는 1인당 주간 AI 사용 횟수가 100회를 넘고, 수백 개의 맞춤형 GPT가 만들어질 만큼 AI가 일상 업무에 깊이 스며들고 있는 것을 확인할 수 있었다.

3. AI 거버넌스 구축

• GACT: 모더나는 프롬프트 공모전에서 높은 참여도와 활용 능력을 보인 100여 명의 직원을 뽑아 생성형 AI 챔피언팀을 꾸렸다. 그들은 다른 직원들의 AI 사용을 돕는 한편, 조직 전체가 참고할 가이드라인과 모범 사례를 정립했다.

• 안전한 AI 사용을 위한 기준: 샬라멜을 비롯한 모더나의 경영진은 직원들이 AI를 안전하고 책임 있게 사용하기 위해서는 거버넌스 체계를 갖추는 것이 중요하다는 점을 인식하고 있었으며, AI 사용이 늘어남에 따라 명확한 규칙과 가이드라인을 마련해나갔다.

4. AI 영향 평가와 로드맵 수립

• 프롬프트 공모전을 통한 AI 평가와 로드맵 도출: 모더나는

모든 구성원이 참여하는 프롬프트 공모전을 열고, AI를 활용해 그 결과('여러분에게서 배운 AI에 관한 180가지')를 정리하는 과정에서 별도의 절차를 거치지 않고도 AI가 조직에 미치는 영향을 평가하고 초기 단계의 로드맵을 수립할 수 있었다.

• 점진적 접근 방식: 모더나는 로드맵에 따라 AI 도입을 단계적으로 추진했다. 그들은 먼저 IT 환경과 같은 인프라를 정비하는 일부터 시작해, 사내용 챗봇이나 협업 도구 등을 도입하며 AI의 활용 범위를 넓혀나갔다.

5. AI 퍼스트 사고방식을 갖춘 경영진의 리더십

• CEO의 확고한 의지: 스테판 방셀을 비롯한 모더나의 경영진은 AI 전환에 강한 의지를 보였다. 방셀은 인력을 늘리기보다 AI를 활용해 회사를 성장시키는 데 중점을 두고 조직 전체의 변화를 이끌었다.

• 브라이스 샬라멜의 비전 있는 리더십: 샬라멜은 구글에서 AX를 이끈 경험을 바탕으로, 모더나의 임직원이 AI 퍼스트라는 공통의 목표를 위해 합심하는 데 중요한 역할을 했다. 특히 그는 전환 과정에서 늘 직원들의 이야기에 귀를 기울이며 AI가 업무 현장에서 발생하는 어려움을 해결하는 방향으로 쓰이도록 이끌었다.

• AI를 내재화하기로 한 전략적 결정: 모더나의 경영진은 일찍부터 AI 퍼스트 사고방식을 조직에 심어야 한다고 판단했다. 그들

은 AI 도구를 시험해보는 데서 그치지 않고, AI를 활용해 생산성을 높이고 혁신을 이루겠다는 확실한 목표를 세웠다.

6. 말보다 체험을 중시하는 접근 방식

• 엠챗을 통한 AI 체험: 모더나는 추상적인 설명에 의존하지 않고, 사내용 AI 챗봇인 엠챗을 만들어 직원들이 AI의 역량을 직접 체감하도록 했다. 여기에 더해 그들은 프롬프트 공모전을 열어 AI가 실제 업무 흐름을 어떻게 개선할 수 있는지를 보여주었고, 직원들은 공모전에 활발히 참여하며 AI를 더 잘 이해하게 되었다.

• AI를 위한 AI: 모더나에서는 공모전에 제출된 400건 이상의 프롬프트를 정리하는 데에도 AI 도구를 활용했다. 이로써 직원들은 AI가 문제를 해결할 뿐만 아니라 업무를 더 효율적으로 처리할 수 있다는 사실을 확인했고, AI를 조직에 없어서는 안 될 도구로 인식하게 되었다.

7. 유연한 실행 방식

• 단계적인 AI 도입: 모더나는 상황과 필요에 맞게 AI를 단계적으로 도입해 나갔다. 그들은 먼저 IT 인프라를 정비한 뒤, 엠챗과 프롬프트 공모전을 통해 직원들의 참여를 이끌어냈으며, 이후 기술이 더 발전하자 엠챗을 오픈AI의 챗GPT 엔터프라이즈로 대체했다.

GPT 엔터프라이즈 외에도 구글 제미나이 등에서 기업용 구독제를 지원한다.

- 조직의 요구에 맞춘 AI 적용: 모더나는 처음부터 정해진 방식으로 AX를 추진하기보다 상황에 맞춰 접근 방식을 조정했다. 그들은 먼저 사내에서 AI 도구를 실험한 뒤, 실제로 성과가 나오기 시작하자 더 표준화된 도구와 거버넌스 체계를 조직 전체로 확대했다.

AGI와 공존하는 미래

지난 1년간 AI 여정을 이어온 끝에 이 책의 마지막 장에 이르렀다. 그동안 우리는 이 혁명적인 기술은 물론, 리더와 브랜드 담당자들이 이 기술을 효과적으로 받아들이기 위해 적용해야 할 방법론에 대해 많은 것을 배웠다. 앞에서 다룬 모더나의 여정은 이를 가장 구체적으로 보여주는 사례였다. 지금은 잠시 걸음을 멈추고 그동안의 여정을 돌아보기에 알맞은 시점이다.

이 책을 마무리하는 글을 쓰고 있지만, 우리의 여정은 이것으로 끝이 아니라 이제 막 시작되었다는 생각이 든다. 지금까지 우리가 배운 것을 토대로 정리해온 AI 퍼스트 실행 전략은 이 여정의 다음 단계를 여는 서문에 지나지 않는다. 이 전략은 일하고 만들고 혁신하는 방식을 새롭게 바라보기 위한 수단이지 그 자체로 목적이 아니다.

그런 의미에서 이 장에서는 다시 출발점으로 돌아가 초심자의 태도로 본질적인 물음을 던지고, 배움을 멈추지 않도록 자신을 다잡고자 했다. 그렇다면 우리의 AI 퍼스트 실행 전략은 어떤 방향으로 나아가야 할까?

어쩌면 단순히 책을 마무리해야 하는 시점이어서일지도 모르고, GPT-5를 넘어 더 강력한 모델들이 끊임없이 등장할 것임을 알기 때문인지도 모르지만, 비즈니스 현장에서 AI를 조사하고 실험하다 보면 무언가가 꿈틀대고 있다는 느낌을 받는다. 머지않아 모든 것이 더 빠른 속도로 바뀔 것만 같은 예감이 들어 마음을 놓을 수가 없다. 최신 AI 모델들은 점점 더 똑똑하고 강력해지는 데다 멀티모달 기능까지 더해지면서 변화의 속도가 눈에 띄게 빨라지고 있다. 이 책에서는 GPT를 주로 언급했지만 이는 하나의 사례일뿐이고, 지금 이 순간에도 수많은 기업들은 매우 빠른 속도로 경쟁한다. 오픈AI, 구글, 마이크로소프트, 아마존, 애플, 메타, xAI, 앤트로픽 같은 기업들이 벌이는 치열한 경쟁은 곧 또 다른 '전율의 순간'들이 연달아 찾아올 것을 예고하고 있다.

최근의 사례들만 봐도 그렇다. 오픈AI는 여러 단계를 거쳐 사고하며 추론할 수 있는 o1 모델을 공개했는데, 이 모델의 성능은 일부 영역에서는 박사 수준에 근접했다고 평가받는다. 구글의 노트북LM은 사용자가 자료를 올리면 실제로 두 사람이 라디오나 팟캐스트 방송에서 그 내용을 가지고 대화하는 것처럼 자연스러운 오디오 콘텐츠를 즉시 만들어낸다. 아마존은 자사의 AI 시스템인 아마존Q를 활용해 내부 시스템을 자바11에서 자바17로 업그레이드하는 과정에서, 엔지니어 인력을 투입했을 때의 노동 시간을 기준으로 환산하면 무려 4500년에 달하는 시간을 절감했다고 밝혔다. 다시 말해, 엔지니어들이 직접 했다면 두 달은 걸렸을 작업을 5일 만에 끝냈다는 이야기다. 그리고 애플은 2024년에 출시한 아이폰16부터 자체 AI 시스템을 탑재해 수억 명의 사용자에게 제공하기 시작했다.

이 책에서 제시한 AI 퍼스트 실행 전략은 AI를 도입하려는 조직이나 브랜드가 토대로 삼기에 알맞아 보이지만, 우리는 여기서 만족하지 않고 이런 물음을 던지기 시작했다. 이 책을 1년 뒤에 읽는 사람도 과연 이 실행 전략이 충분하다고 생각할까?

그래서 우리는 평소 배우고 참고해온 AI 분야의 멘토, 이선 몰릭 교수에게 도움을 청해 이 책의 핵심 내용을 비판적으로 검토하고 확장할 수 있을지 의견을 구했다.

몰릭 교수는 우리뿐만 아니라 이 분야에 관심을 가진 많은 사람에게 멘토 역할을 하고 있다. 그는 혁신과 기업가정신, 그리고 최근에는 생성형 AI 분야에서 두드러지는 활동을 해온 학자이자 사상가다. 그의 연구는 주요 학술지는 물론 《뉴욕타임스》, CNN 등에도 소개되었으며, 최근에는 생성형 AI를 주제로 한 저서 『듀얼 브레인』이 베스트셀러에 오르기도 했다. 몰릭 교수는 이 주제에 대해 꾸준히 글을 쓰고 연구하고 있으며, 자신의 견해와 연구 결과를 강연과 미디어 활동, 그리고 '원 유스풀 씽One Useful Thing'이라는 개인 뉴스레터를 통해 활발히 공유하고 있다. 생성형 AI 분야에서 무엇이 가능하고, 무엇이 이미 밝혀졌으며, 무엇이 아직 미지의 영역으로 남아 있는지를 제대로 이해하고 싶은 사람이라면, 몰릭 교수의 글과 발언을 참고할 수밖에 없다.

몰릭 교수는 인터뷰를 시작하자마자 이렇게 운을 뗐다. "이 책을 연재 형식으로 집필해서 비교적 빠르게 선보인 건 잘한 선택이에요. 그렇지 않았다면 출간될 즈음에는 이 책에 담긴 많은 메시지가 이미 철 지난 이야기가 되었을 겁니다."[1]

'출발이 좋은데.' 우리는 속으로 그렇게 생각했다. 하지만 그 순간 몰릭 교수가 카메라 쪽으로 몸을 기울이더니 경고처럼 들리는 말을 꺼냈다.

> 여러분이 말씀하신 이야기는 이 주제로 책을 써본 사람이라면 충분히 공감할 만한 내용이에요. 책에서 제시한 실행 전략도 훌륭합니다. 하지만 내년을 기준으로 책을 쓴다면, 그 실행 전략을 그대로 싣지는 않을 거예요, 그렇죠? 책에서 AI 에이전트 이야기를 하신 걸 봤는데요. 에이전트는 생각보다 멀지 않았습니다. 최신 AI 모델들의 추론 능력은 머지않아 한 단계 더 도약할 겁니다. 게다가 사람들은 아직 멀티모달 AI가 완전히 구현되면 세상이 어떻게 달라질지도 상상하지 못하고 있어요. 이 점은 책에서도 언급하셨지만, 그렇게 되면 다시 한번 거대한 전환이 일어날 겁니다. 6개월이나 8개월 전만 해도 이 책에서 인터뷰한 사람들을 포함한 모두가 AI의 성능이 계속 스케일링 법칙에 따라 발전할 수 있을지에 대해 지금보다 회의적이었어요. 그런데 이제는 AI의 발전이 곧 한계에 다다를 거라고 말하는 사람이 거의 없습니다. 다들 적어도 두 세대 정도는 성능이 급격히 발전할 거라 기대하고 있죠.

요컨대 몰릭 교수는 AGI, 혹은 그에 버금가는 무언가가 몇 년 안에 현실이 될 것이며, 그로 인해 리더와 조직이 일하고 혁신하는 방식이 완전히 달라질 수 있다는 사실을 잊지 말아야 한다고 강조한 것이다. 이는 우리가 샘 올트먼을 만나 AGI에 대한 이야기를 들은 뒤 이 책의 출발점으로 삼은 문제의식이었다. 몰릭 교수의 말은 우리가 이 여정을 시작한 이유를 다시 한번 떠올리게 했다. 우리는 2년여 전 처음 챗GPT를 접했고, 1년 전부터 이 기술을 연구하고 책을 쓰기 시작했으며, 이 과정에서 많은 비즈니스 리더가 AI를 이해하거나 활용하지 못한 채 변화에 뒤처지는 모습을 지켜보았다. 그래서 우리는 기업들이 빠르게 기술의 변화를 따라잡고 자신만의 AI 여정을 시작할 수 있도록 돕고자 몇 가지 원칙과 실행 전략을 만들었다. 하지만 몰릭 교수는 샘 올트먼이 경고한 대로 중대한 변화가 눈앞으로 다가오고 있음을 잊어서는 안 되며, 우리가 제시하는 조언과 실행 전략은 AI가 어느 때보다 빠른 속도로 발전한다는 사실을 전제로 해야 한다고 일깨웠다.

몰릭 교수는 머지않아 추론 능력과 에이전트 기능이 크게 강화된 GPT-6 수준의 모델이 등장하면서 생성형 AI가 최소 두 차례 이상의 도약을 이룰 것이라 보았다. 이 차세대 모델들은 최신 AI 모델의 API에 기본적인 UI와 프롬프트만 덧붙인 형태의 래퍼앱(기존의 AI 모델에 특정 목적이나 사용자 편의성을 위해 기능이나 UI를 덧붙인 애플리케이션)'은 물론, 현재 나와 있는 더 복잡한 AI 응용 서비스들까지 흡수할 가능성이 크다. 따라서 우리는 현재의 AI 기술을 받아들이고 활용하는 데서 안주하거나, 이 기술을 새로 나온 앱이나 클라우드 서비스처럼 취급해서는 안 된다. "사람들은 이제 생성형 AI가 처음 등장했을 때의 충격에는 어느 정도 익숙해진 것 같아요. 처음에는 다들 '와, 이런 게 가능해?' 하고 눈이 휘둥그레졌죠. 여러분이 말한 전율의 순간을 경험한 거죠. 제 책에도 썼지만, 저는 처음 이 기술을 보고 사흘 동안 잠을 설쳤어요. 하지만 문제는 그다음입니다. 대부분의 기업은 이 일을 처음부터 IT 부서나 법무팀에 맡긴 채 1년을 허비해요. 그동안 하는 일이라고는 RAG(AI가 정해진 문서나 데이터베이스에서 정보를 찾아 이를 바탕으로 답변을 생성하도록 만드는 기술―옮긴이) 기반 솔루션을 만드는 게 전부죠. 이런 방식으로는 제대로 된 성과도, 기업이 원하는 수준의 변화도 이룰 수 없습니다."

요는 우리가 지금 눈앞에 닥쳐오는 변화가 얼마나 크고 빠른지를 끊임없이 강조해야 한다는 것이었다. 몰릭 교수는 이 책의 독자와 우리의 조언을 받는 기업들에 이러한 변화에 대비하려면 더 역동적인 사고방식이 필요하다는 점을 분명히 전달해야 한다고 지적했다. 다시 말해, 우리는 리더들이 이 책에서 제시한 실행 전략을 잘 따르며 AI를 최대한 활용하고 있는지를 따지는 데서 그쳐서는 안 되며, 애초에 무엇을 위해 이 실행 전략을 만들었는지를 물어야 한다는 것이다. 몰릭 교수는 이렇게 충고했다. "여러분의 실행 전략은 역동성이 부족합니다. 책에서는 지금 당장 결단을 내려 현재의 생성형 AI를 바탕으로 무언가를 만들어가려는 리더들의 사례를 다루고 있죠. 우리는 모든 것이 이처럼 빠르게 변하는 세상에 익숙하지 않습니다. 그런데도 이제는 미래가 어떻게 바뀔지를 염두에 두고 방향을 정해야만 해요."

몰릭 교수는 생성형 AI가 본격적으로 확산되기 시작한 지금도 대다수 기업은 현실에 안주하고 있다고 지적했다. 기업들은 아무런 행동도 하지 않은 채 이것이 대체 어떤 기술인지 이해해보려다 달려

오는 차를 본 사슴처럼 얼어붙어 있거나, 뭔가를 하고는 있지만 지나치게 소극적인 태도로 대응하는 경우가 많다는 것이다. "기업들 사이에는 엄청난 격차가 있어요. 기업의 관계자나 CEO들과 이야기를 나눠보면, AI를 제대로 이해하는 사람은 100명 중 1명 수준입니다. 4명 정도는 그나마 쓸 만해 보이는 프로젝트를 진행 중이고요. 나머지는 저마다 방식은 달라도 전부 엉망으로 대응하고 있어요. 그렇지 않나요? 그들은 맥킨지 같은 컨설팅 회사가 뭘 하면 좋을지 알려주기를 기다리고만 있어요. '괜찮아, 나중에 하면 돼'라는 식이죠. 저는 이런 부분이 걱정이에요. 많은 조직이 '코파일럿'을 처음 도입한 뒤 오히려 얼어붙어 버렸거든요. 코파일럿에 익숙해진 나머지 자기들만의 무언가를 만들지 않고 그 자리에 멈춰버린 거죠."

그의 말을 듣자 자연스럽게 이런 의문이 따라 나왔다. 현재의 기술을 도입하고 활용하는 것만으로 부족하다면, 기업들은 도대체 무엇을 해야 할까? 우리는 몰릭 교수에게 구체적인 질문을 던졌다. 이 책에서 제시한 AI 퍼스트 실행 전략을 따르는 데 그치지 않고, 그가 말하는 역동성과 미래에 대비한 역량을 갖추려면 기업들은 무엇을 더 해야 하는가? 그의 답은 단호했다. 지금 당장 생성형 AI R&D 랩을 만들어야 한다는 것이다.

처음 이 말을 들었을 때, 우리는 인터뷰가 진행 중인데도 쉽게 납득이 가지 않아 잠시 말을 잇지 못했고, 한동안 침묵이 흐른 뒤에야 조심스럽게 입을 열었다. "지금도 많은 리더가 기본적인 AI 리터러시 교육을 진행해서 AI를 업무에 적용하는 일에 충분히 시간을 쓰지 않으려 합니다. 이런 상황에서 당장 AI R&D 랩을 만들겠다고 나설 기업이 있을까요? 회사 전체에 챗GPT 팀 플랜을 도입하는 비용조차 부담스러워하는 기업들도 있는데요."

하지만 몰릭 교수는 조금도 주저하지 않고 설명을 이어갔다. 그는 생성형 AI를 코로나19에 빗대며 팬데믹 당시의 봉쇄 기간과 그 이후에 벌어진 일들을 떠올려보라고 말했다.

> 조직 입장에서 쉽지 않은 일이라는 건 잘 압니다. 그렇게 하려면 당연히 많은 걸 다시 손봐야겠죠. 하지만 현재의 구조를 그대로 유지한 채로는 안 됩니다. 이제는 우리 곁에 또 하나의 지능이 다가와 있다는 사실을 모른 척할 수가 없어요. 코로나19로 봉쇄가 시작됐을 때를 떠올려보세요. 그때《포춘》1000대 기업 중 어느 곳이든 찾아가서 '내일 당장 전 직원이 사무실을 떠나야 합니다. 하지만 원격 근무에 필요한 기술이나 명확한 지침은 없으며, 앞으로 3년 동안은 예전과 같은 근무 방식으로 돌아갈 수 없습니다'라고 말했다면 어떤 반응이 나왔을까요? 모든 회사가 '우리는 이제 망하게 생겼다'고 말했겠죠. 하지만 정작《포춘》1000대 기업 중 망한 곳은 한 곳도 없었습니다. 이 말은 곧 기업들은 우리가 생각하는 것보다 훨씬 유연하다는 뜻이에요. 다만 지금은 그 유연성을 활용하지 못하고 있을 뿐이죠.

코로나19에 따른 봉쇄와 원격 근무를 예로 든 그의 말은 우리에게 큰 울림을 줬다. 생성형 AI의 역량은 매우 빠른 속도로 고도화되고 있으며, 이르면 올해라도 거대한 변화를 가져올 수 있다. 이는 팬데믹 당시 봉쇄 조치와 원격 근무가 우리의 삶을 바꿔놓은 것과 마찬가지로 우리가 일하는 방식과 기업·조직·브랜드를 만드는 방식에 지대한 영향을 미칠 것이다. 하지만 코로나19는 위기 상황에서 개인과 조직이 일하고 협업하는 방식과 업무 프로세스를 얼마나 빠르게 바꿀 수 있는지를 보여줬다. 인간은 우리가 생각하는 것보다 훨씬 적응과 변화에 능한 존재이며, 이러한 능력은 오늘날 우리가 만든 조직 안에도 잠재되어 있다.

이제야 몰릭 교수의 말이 조금씩 이해됐다. 말하자면, 우리 곁에는 지금까지 본 적 없는 낯선 형태의 지능이 어느새 다가와 있다. 그 지능은 우리가 파악하기조차 어려울 만큼 빠른 속도로 진화하고 있으며, 아직 실감이 가지 않을 뿐, 이미 우리의 삶에 들어와 있다. AI가 가져올 변화는 팬데믹 당시 재택근무가 그랬던 것처럼 어느 날 갑자기 우리가 일하고 소통하는 방식을 뒤흔드는 것처럼 느껴질 수도 있다. 다만 한 가지 분명한 차이가 있다면, 이번에는 변화가 다가오고 있다는 사실을 1년 정도 전부터 내다볼 수 있다는 점이다. 그렇다면 기업들은 지금 AI 시대를 어떻게 준비하고 있을까? AI로 이메일을 더 빨리 작성하고, 통화 내용을 요약하는 데서 만족하고 있을까? 아니면 한발 앞서 변화에 대비한 조치를 마련하고 있을까? 우리는 눈앞에 다가온 변화를 이해하고 지금 당장 행동에 나서는 것은 CEO의 역할이자 책임이라고 믿는다.

몰릭 교수는 생성형 AI R&D 랩을 구축하는 일은 반드시 조직 내부의 인력이 주도해야 한다고 힘주어 말했다.

> 모든 조직에는 아직 발휘되지 않은 전문성이 있습니다.

> 연구개발은 남이 대신 해줄 게 아니라 스스로 해야 할 일입니다. 저는 기업들에 이제는 급진적인 연구개발 조직으로 탈바꿈해야 한다고 줄곧 강조해왔어요. 하지만 대부분은 그런 방식에 익숙하지 않죠. 그동안은 기업용 소프트웨어 회사들이 대신 연구개발을 수행해 안전하게 쓸 수 있는 결과물을 내놓으면, 기업들은 그걸 구매해서 사용하는 데 익숙해져 있었으니까요. 그렇게 해서 얻는 개선 효과는 기껏해야 4~5퍼센트 수준이며, 대개는 비용 절감에 그칩니다. 그런데 이건 긍정적인 효과라고 보기도 어려워요. 결과적으로 기업들은 연구개발 역량을 점점 잃어버렸으니 말이에요.

우리는 오래전부터 디지털 전환[DX]이라는 거대한 흐름 속에서 이 점을 몸소 경험하며 배워왔다. 자신의 비즈니스와 브랜드, 학교, 조직, 산업을 가장 잘 아는 사람은 결국 자기 자신이다. DX를 성공으로 이끄는 열쇠는 자신이 처한 상황(기업, 제품, 문화, 산업, 경쟁 환경)을 새로운 기술이나 트렌드와 연결하는 데 있다. 그리고 이러한 연결은 외부에 맡기기보다 스스로 해내는 편이 훨씬 효과적이며, 상황에 따라서는 그렇게 해야만 하는 경우도 적지 않다. 다만 생성형 AI가 이전의 기술들과 눈에 띄게 다른 점은 기술을 둘러싼 환경이 아니라 기술 자체가 시시각각 달라지고 있다는 것이다. 앞서 몰릭 교수가 지적했듯, 이제는 기업들이 소프트웨어에 기반한 솔루션을 직접 만들어낼 수 있는 환경이 열렸다. 새로운 기술이 등장할 때마다 조심스럽게 일부 기능만 떼내어 도입하는 시대는 끝났다는 뜻이다. AI 시대에는 기업이 조직에 맞는 애플리케이션을 직접 만들고, 조직의 모든 요소와 업무 프로세스를 유기적으로 연결해야 한다. 그리고 이러한 일을 해내려면 그 방법을 실험하고 설계할 R&D 랩이 필수적이다. 몰릭 교수는 바로 이 점을 특히 강조했다. "모든 기업은 저마다 다릅니다. 그러니 제가 정답을 알려줄 수는 없어요. 다만 이제 우리 손에는 온갖 지적 작업을 수행할 수 있는 만능 도구가 있습니다. 이 도구를 실제 사용자와 조직에 맞게 만들어 쓸 방법은 각자가 알아서 찾아야겠죠. 그리고 이 일을 제대로 하려면, 이 도구의 가능성을 한계까지 실험하는 법을 배워야 합니다."

그렇다면 이러한 상황에서 각 기업은 어떻게 R&D 랩을 꾸려야 할까? 리더들에게 구체적으로 어떤 조언을 해줄 수 있는지 묻자 몰릭 교수는 이렇게 답했다.

> 결국 성패는 진정한 의미의 연구개발을 수행할 수 있느냐에 달려 있습니다. 기업은 조직 안에서 AI 애플리케이션을 끊임없이 비교·검증하며 한발 앞서 나가려 애써야 합니다. AI 에이전트를 직접 만들어보지도 않고, 조직 차원에서 연구개발에 힘을 쏟지도 않는다면, 그 기업은 이미 방향을 잃은 겁니다. 더군다나 그런 일을 남이 대신 해주기를 기다리고만 있다면, 더 위험한 상황이고요. 제가 보기에 기업에 필요한 핵심 역량 중 하나는 벤치마킹입니다. 지금 당장 쓸 수 있는 시스템으로 어디까지 할 수 있는지를 시험해보는 거죠. 중요한 건 시스템이 잘 돌아가는 지점에서 멈추지 않고, 그 한계를 넘어서까지 밀어붙이는 겁

니다. 저는 모든 기업에 이렇게 묻곤 합니다. '지금은 아직 성과가 나오지 않지만, 성공이 거의 눈앞에 와 있는 과제가 뭔가요?' 기업들은 늘 그런 과제가 2~3개씩은 있어야 합니다.

그리고 연구개발 랩에서는 AI로 조직 전체를 대체하는 시나리오를 직접 만들어봐야 합니다. 그러면서 AI가 당장이라도 조직을 대체할 수 있을 만큼 발전하는 시점이 언제인지 직접 확인해보는 거죠. 설령 그 시나리오가 현실이 되지 않더라도 변화는 어떤 형태로든 반드시 찾아올 겁니다. 아직 찾아오지 않은 미래를 두고, 여러분은 지금 어떤 선택을 하고 있습니까?

마지막으로 우리는 그동안 소개한 AI 퍼스트 기업들의 주요 사례를 되짚어보며 몰릭 교수의 의견을 물었다. 그는 칸미고를 만든 칸 아카데미처럼 AI 전환에 성공해 수준 높은 AI 응용 서비스를 출시한 조직이라도 각자의 연구개발 환경에서 계속 다음 단계로 나아가야 한다고 말했다. 차세대 AI 시스템이 등장하면, 지금은 선도적으로 보이는 래퍼앱들을 상당 부분 대체할 수 있기 때문이다. 요컨대, 칸아카데미처럼 앞서 나가는 조직도 현실에 안주하지 말고 다음에 어떤 변화가 일어날지를 끊임없이 탐색해야 한다는 것이다.

칸미고는 어떻게 하면 최대한 많은 사람에게 맞춤형 교육을 제공할 것인가 하는 문제를 생성형 AI로 해결하려는 훌륭한 시도입니다. 하지만 한편으로는 어느 정도 한계에 다다르고 있다는 느낌도 들어요. 아시다시피 살만 칸은 학생과 자연스럽게 대화를 나누며 풀이 과정이나 시각 자료를 이해할 수 있는 AI를 가장 먼저 선보였죠. 이것만 보더라도 앞으로 칸미고가 맡을 역할이 달라지고 있다는 걸 알 수 있어요.

그런데 한 걸음 더 나아가서, GPT-5가 더 똑똑해지고 학습을 설계하는 능력까지 갖추게 된다면, 칸미고 같은 래퍼앱을 계속 쓸 이유가 있을까요? 이런 문제들에 대해서 아직 확답을 내릴 수는 없겠죠. 하지만 중요한 건 역동적으로 변화하는 프로세스와 래퍼앱처럼 특정 역할에 고정된 프로세스 사이에는 근본적인 차이가 있다는 점입니다.

곰곰이 생각해보면, 몰릭 교수는 우리의 어깨를 흔들며 정신을 똑바로 차려야 한다고 경고한 것이나 다름없었다. 그의 지적에 따르면, 우리는 현재의 AI 환경을 평가하고 그에 따라 실행 전략을 세우는 것까지는 좋았지만, 한 가지 중요한 점을 놓치고 있었다. 빠르게 다가오는 변화의 규모와 파괴력, 그에 따른 기회를 생각하면, 우리가 내놓은 권고는 너무 조심스럽고 온건했다는 것이다. 몰릭 교수는 아직도 조직 차원에서 연구개발에 힘을 쏟지 않고 있는 기업은 사실상 방향을 잃은 것이라 단언했다. 기업 대부분이 직원들을 대상으로 AI 리터러시 교육조차 진행하지 못하고, 변변한 AI 사용 정책 하나 마련하지도 못한 상황에서 그의 조언은 지나치게 극단적으로 들릴 수도 있다.

하지만 그렇다고 해서 그의 말이 틀렸다고 할 수는 없다. 오히려 이 문제를 계속 곱씹을수록, 그의 말이 옳다는 확신이 들었다. 공교롭게도 이 책은 시작할 때와 마찬가지로 또 하나의 '전율의 순간'으로 끝을 맺고 있다. 우리는 AGI가 3~5년 안에 현실이 될 것이며 지금 우리가 아는 마케팅 업무의 95퍼센트는 3년 안에 AI의 손에 넘어갈 것이라는 샘 올트먼의 말을 듣고 공원을 서성이던 순간을 떠올렸다. 그 이후 1년간 우리는 AI 분야에서 무슨 일이 벌어지고 있으며 앞으로 어떤 일이 일어날 것인지, 기업은 이에 어떻게 대비해야 하는지를 배우고 고민해왔다. 그런데도 몰릭 교수는 우리가 다가올 변화의 크기를 충분히 고려하지 못했다고 지적한 것이다. 그야말로 정신이 번쩍 드는 순간이었다.

몰릭 교수가 모든 기업이 지금 당장 생성형 AI R&D 랩을 만들어야 한다고 단언한 이유는 무엇이었을까? 생성형 AI가 한 단계 더 도약하면, 기업을 운영하는 방식 자체를 송두리째 바꿔놓을 정도의 파괴와 혁신이 일어날 것이라 보았기 때문이다. AI가 단계적인 추론 능력에 더해 스스로 계획하고 행동하는 능력까지 갖추게 되어 경영진의 역량과 기능을 대신 수행할 정도가 되면, 기업은 이를 활용하기 위해 조직의 구조와 운영 방식을 처음부터 다시 설계할 수밖에 없다. AI는 그만큼 어마어마한 파급력을 가진 기술이다.

그렇기에 몰릭 교수는 기업들이 AI를 조직의 새로운 기능으로 삼고 이에 맞게 조직 구조와 프로세스를 재편해야 한다고 말하는 것이다. 기업에는 운영, 마케팅, 기술, 재무, 인사와 같은 기능들이 존재한다. 몰릭 교수의 주장은 AI 역시 이와 같은 핵심 기능으로 간주해야 한다는 뜻이다. 애덤은 몰릭 교수의 이야기를 들으며 처음 스타벅스에서 일하던 시절을 떠올렸다. 당시만 해도 디지털이라는 개념은 조직 안에서 완전히 새로운 영역이었으며, 기업들이 이를 독립된 기능으로 인식하기까지는 오랜 시간이 걸렸다. 기업 대부분은 기술이나 마케팅 부서 아래에 디지털 기능을 임시로 끼워 넣는 데서 그쳤다. 그러나 시간이 지나면서 CDO의 역할이 중요해지고, 기업들이 디지털 전략을 수립하고 실행에 옮기는 일을 별도의 기능으로 다루기 시작하자 비로소 실질적인 성과가 나오기 시작했다.

생성형 AI가 등장하면서 리더와 기업들이 AI를 조직의 핵심 기능으로 삼아야 할 이유는 더욱 분명해졌다. 실제로 링크드인에서는 최고AI책임자^{CAO} 같은 직책이 서서히 눈에 띄기 시작했다. 컴퓨터와 인터넷, 모바일·소셜·클라우드 같은 이전의 기술 혁신이 가져온 변화와 기회가 산업 전반에 스며들기까지는 10년이 넘는 시간이 걸렸다. 그러나 몰릭 교수가 지적했듯, 생성형 AI 혁명은 우리가 일하는 방식을 훨씬 더 빠르고 급진적인 방식으로 바꿔놓을 잠재력이 있다. 그리고 이러한 변화는 앞으로 2년 안에 현실이 될 가능성이 크다.

그처럼 짧은 시간 안에 AI를 조직의 핵심 기능으로 만들 방법은 AI R&D 랩밖에 없다. 아직 AI를 충분히 훈련하거나 경험한 사람이 아무도 없는 상황에서 기업은 기술 인력과 비기술 인력을 적절히 조합해 팀을 꾸리고, 그들이 빠르게 AI에 익숙해진 다음 실험을 통해 무언가를 만들어보도록 해야 한다. 그리고 이 과정에서 그들은 지금 당장 자동화하고 개선할 수 있는 업무 프로세스와 사용자 경험은 무엇인지, 아직은 제대로 작동하지 않지만 몰릭 교수의 말대로 AI 모델과 시스템이 발전하면 곧 성과를 낼 수 있는 영역은 무엇인지, 범용적인 지능을 서비스처럼 이용할 수 있는 시대가 되면서 새롭게 가능해진 영역은 무엇인지를 배워야 한다.

가령 스타벅스와 새로 취임한 CEO가 당장 생성형 AI R&D 랩을 만들기로 했다고 가정해보자. 그렇다면 그 랩은 어떤 모습일까? 스타벅스처럼 규모가 크고 사업 구조가 복잡한 글로벌 기업이라면, 10명 안팎의 소규모 팀을 꾸리고 이를 다시 2인 1조로 나눠 AI를 응용한 앱을 만들거나 다양한 데이터 구조와 분석 방식을 실험하도록 기술적 지원을 제공하는 편이 합리적일 수 있다. 이 팀은 조직 내 여러 기능과 사업 부문에서 AI를 적용할 기회를 찾고 실험하는 방식으로 회사 전반을 지원하며, 출범과 동시에 회사가 직면한 중요한 문제들, 특히 기존의 방식으로는 좀처럼 해답을 찾지 못했던 까다로운 문제들을 해결하는 데 착수할 것이다. 예를 들어 스타벅스에서는 모바일 주문과 이에 따른 매장 운영 방식을 개선이 시급한 영역으로 꼽을 수 있다. 스타벅스는 매장 레이아웃, 바리스타의 동선과 역할, 음료 제조 과정, 고객 동선, 모바일 주문 데이터 등 다양한 요소를 한꺼번에 다루고 분석하며 전략을 세울 수 있는 새로운 형태의 AI 팀이 이전에는 미처 상상하지 못했던 해결책을 찾아내기를 기대할 것이다.

지금 이야기한 사례만 놓고 보더라도 AI가 가져올 효과는 객관적인 지표로 측정 가능하다는 것을 알 수 있다. 가령 이 사례에서는 매장의 피크 타임에 발생하는 모바일 주문 대기 시간과 고객 만족도, 해당 매장의 동일 시간대를 기준으로 한 전년 대비 매출성장률 등을 핵심 지표로 삼을 수 있다. 여기에 더해 바리스타(스타벅스에서는 이들을 '파트너'라고 부른다)를 대상으로 한 설문을 통해 업무가 얼마나 효율적인지, 새로운 운영 방식이 현장에 얼마나 수월하게 안착했는지, 음료 제조 과정이 얼마나 매끄러운지 등을 함께 살펴볼 수도 있다. 압도적인 지능을 가진 AI 모델과 시스템은 이러한 지표들을 개선하는 데 분명 도움을 줄 것이며, 나아가서는 이 문제를 근본적으로 해결하도록 이끌 가능성이 있다.

이는 개선이 필요한 수많은 영역 중 하나의 예시일 뿐이다. AI R&D 랩은 인사, 제품 개발, 공급망, 브랜드 크리에이티브에 이르는 다양한 영역의 문제를 다룰 수 있다(예를 들어, AI 랩은 AI로 가상의 고객 집단을 만들어 이들을 상대로 광고나 캠페인을 시험해볼 수도 있을 것이다). 만약 AI 랩을 조직의 모든 기능과 사업 부문에 적용할 수 있고, 또 그렇게 해야만 한다면, 자연스럽게 이런 물음이 따라 나온다. 기업과 조직은 이를 총괄할 CAO 같은 직책을 만들어야 하지 않을까?

당연히 그래야 한다. 다만 이 문제는 생각만큼 단순하지 않다. 생성형 AI는 이제 막 등장한 기술인 데다 발전 속도도 워낙 빠르기 때문에, CAO의 역할을 정의하고 조건에 맞는 사람을 찾는 데 몇 달씩 시간을 쓰다 보면 도리어 변화에 뒤처질 위험이 있기 때문이다. 우리는 조직의 기능을 개편해야 한다는 사실을 알면서도 조건에 딱 맞는 리더를 찾느라 몇 달을 허비하는 사례를 수없이 봐왔다. CAO를 임명하는 과정에서도 같은 문제가 벌어질 수 있다. 따라서 만약 AI 협의체를 만들어 구성원들에게 필요한 교육과 훈련을 진행했으며, 이 협의체를 이끄는 의장이 있는 상황이라면, 우선은 그 의장에게 CAO 역할을 맡기는 것이 합리적인 선택일 수 있다.

그렇다면 AI 협의체의 의장이나 그와 유사한 역할을 맡은 사람은 임명 후 첫 100일 동안 무엇을 해야 할까? 여기서는 모더나의 AI 제품·플랫폼 부문 부사장인 브라이스 샬라멜의 접근법을 참고할 필요가 있다. 그는 먼저 조직의 전환을 이끄는 자신만의 실행 전략을 바탕으로 경청 투어를 진행하며 각 부서의 목표와 과제, 구조적 문제를 파악했다. 그리고 이를 토대로 전 직원을 대상으로 한 AI 교육과 참여 프로그램을 설계해 AI 챔피언팀을 만들고, 조직 전반의 AI 활용 사례를 정리해나갔다. 하지만 CAO든 AI 협의회의 의장이든 새롭게 AI를 총괄하는 역할을 맡은 사람들은 대부분 첫 100일 동안 더 실무적인 문제를 처리하느라 여유가 없을 가능성이 크다. 따라서 이 시기에는 우선 다음과 같은 목표를 해결하는 데 집중해야 한다.

- 조직 전체가 이용할 수 있으며 확장 가능한 형태의 AI 교육·리터러시 아카데미를 마련하고, 적어도 여러 부서의 핵심 리더들이 속한 AI 협의체는 부트캠프 수준의 집중 교육을 이수하도록 해야 한다. 또한 이 그룹이 AI 분야의 최신 동향을 계속 따라갈 수 있도록 명확한 책임을 부여하고 이를 뒷받침할 운영 구조를 갖추어야 한다.
- AI 사용 정책을 수립하고, 관련 규정이 이미 존재한다면 이를 함께 검토·보완해야 한다. 그리고 AI 협의체가 이 정책을 계속 운영·관리할 수 있도록 명확한 절차와 체계를 마련해야 한다.
- AI R&D 랩을 구축해야 한다. 이 랩은 AI 협의체가 그 역할을 대신하거나 여러 부서를 아우르는 별도의 전담 인력으로 구성할 수 있으며, 그 형태에 얽매일 필요는 없

다. AI 랩의 핵심 책무는 크게 두 가지다. 첫째, 전사 차원의 AI 영향 평가와 로드맵 수립 작업이 프로젝트 단위로 원활히 진행되도록 총괄해야 한다. 둘째, 회사의 모든 기능과 사업 부문이 직면한 핵심 과제를 해결하고 중요한 기회를 발굴하도록 언제든 도움을 주어야 한다. 나아가 이 조직은 AI 영향 평가와 로드맵 수립 과정에서 나온 과제들뿐 아니라, 현장에서 수시로 발생하는 크고 작은 문제에도 유연하게 대응해야 한다.

• CAO는 당분간 조직의 전환을 이끄는 역할을 맡아야 한다. 이는 명확한 지침으로 규정하기 어렵지만 매우 중요한 일이다. 이 역할을 잘 수행하기 위해서는 무엇보다도 구성원들의 이야기를 경청하며 신뢰와 인정을 받아야 한다. 스티븐 코비는『성공하는 사람들의 7가지 습관』에서 '먼저 이해하려 노력하고, 그다음에 이해받으려는 태도'를 7가지 습관 중 하나로 꼽았다. 브라이스 샬라멜이 모더나에서 진행한 경청 투어가 큰 성과를 거둔 이유도 여기에 있다. 이는 효과적으로 사람들의 변화를 이끌어내기 위해 꼭 필요한 기술이며, 조직의 AX를 책임지는 사람은 첫 100일 동안 우선 구성원들의 이야기를 듣고 신뢰를 쌓는 데 집중할 필요가 있다.

몰릭 교수와의 대화는 이 책을 마무리하기에 더할 나위 없는 통찰을 남겼다. 그는 우리의 여정이 하나의 '전율의 순간'에서 출발했음을 일깨우며 AI는 AGI로 향하는 길에서 이제 막 첫발을 뗐을 뿐이라는 사실을 잊지 말아야 한다고 강조했다. 다시 말해, 또 다른 '전율의 순간'들이 앞으로도 계속 우리를 찾아오리라는 것이다. 그런 의미에서 이 장이 끝이 아니라 또 하나의 시작처럼 느껴질 것이라는 우리의 직감은 틀리지 않은 셈이다. 이 장은 어떤 미래가 눈앞에 다가오고 있는지, 오늘을 넘어 내일의 변화에도 대비할 수 있는 실행 전략을 어떻게 구상해야 하는지를 다시 한번 고민하도록 이끈다.

AI 퍼스트 실행 전략(이제 이 전략에는 '생성형 AI R&D 랩 구축'이라는 새로운 항목이 더해졌다)은 테니스에 빗대어 생각하면 더 쉽게 이해할 수 있다. 다음 세대의 생성형 AI는 코트 반대편에서 강하게 때린 테니스공처럼 빠른 속도로 우리를 향해 날아오고 있다. 내년에 당장 AGI가 등장하지는 않더라도, 생성형 AI가 또 한 번 도약을 이루면, 모두가 AGI의 시대가 머지않았음을 체감하기 시작할 것이며, 기업들은 커다란 혼란과 기회를 동시에 맞이하게 될 것이다. 따라서 우리는 적절한 위치에서 무릎을 굽힌 채 언제든 공을 받아칠 준비를 하고 있어야 한다.

이 책에서 정리한 AI 퍼스트 실행 전략은 테니스에서 풋워크를 익히는 과정에 비유할 수 있다. 공은 우리가 생각하는 것보다 훨씬 빠른 속도로 날아온다. 그렇기에 우리는 두 발을 모으고 라켓을 늘어뜨린 채 가만히 서있는 것이 아니라, 라켓을 뒤로 빼고 끊임없이 발을 움직여 공을 치기에 유리한 위치를 찾아야 한다. 그래야만 공이 눈앞에 왔을 때 제대로 받아칠 수 있다. 이 실행 전략은 그 자체로 목적이 아니다. 진짜 목적은 AI를 실험해 한계까지 밀어붙이면서 지금 당장 무엇을 할 수 있는지를 알아내고, 나아가 차세대 AI가 등장하면 무엇이 가능해질지를 미리 가늠하고 대비하는 데 있다. 물론 이러한 변화는 당장 올해라도 찾아올 수 있다.

한편 우리는 몰릭 교수의 이야기를 들으며 또 하나 깨달은 점이 있다. AI 퍼스트 실행 전략의 다른 요소들을 먼저 갖추지 않고서는 생성형 AI R&D 랩을 만들 수도 없다는 것이다. 이는 AI 랩의 역할을 생각하면 당연한 이야기다. 몰릭 교수가 말했듯, AI 랩은 조직의 여러 기능을 아우르는 내부 구성원으로 이루어져야 하며, 이들은 적절한 교육과 훈련을 통해 기본적인 AI 리터러시와 활용 능력을 갖추고 있어야 한다. 또, 이 팀은 AI 협의체가 마련한 AI 사용 정책과 가이드라인을 따라야 하며, AI 협의체가 도출한 AI 영향 평가와 로드맵을 바탕으로 다양한 아이디어를 실험할 것이다.

따라서 몰릭 교수의 조언은 우리가 정리한 AI 퍼스트 실행 전략의 연장선에 있다. 이 실행 전략은 어디까지나 첫걸음일 뿐이며, 여기서 더 나아가 AI R&D 랩을 구축하는 일은 기업이 지금 당장 스스로 해내야 할 과제다.

우리 역시 여기서 멈추지 않고 AI 여정을 이어갈 생각이며, 앞으로도 AI 퍼스트 기업들의 사례를 모아 그들이 어떻게 AI 랩을 만들었는지, 무엇이 효과적이었고 무엇이 잘 작동하지 않았는지를 탐구할 것이다. AI를 일상 업무에 활용해 생산성을 크게 끌어올리는 것은 이제 누구나 갖춰야 할 기본 조건이 되었다. 지금은 이렇게만 해도 경쟁 우위를 확보할 수 있을지 모르지만, 머지않아 경쟁의 판 자체가 달라질 것이며, AI 퍼스트 조직으로 전환하지 못하고 AI 랩을 구축하지도 않은 기업은 시장에서 도태되고 말 것이다.

우리 두 사람이 이 책을 쓰며 세운 목표를 향해 계속 나아가고, 독자들 역시 여기서 제시한 원칙들을 실천한다면, 우리는 언젠가 같은 길 위에서 다시 만나 서로의 경험을 나누며 다음 장을 함께 준비하게 될 것이다. 이 책이 단행본으로 출간된 이후에는 기존의 독자 커뮤니티를 더 넓은 AI 퍼스트 커뮤니티로 확장하고, 이 분야에서 우리가 만들어갈 콘텐츠를 공유할 예정이다. 우리의 AI 여정은 이제 막 시작되었다.

들어가며: 전율의 순간

1. Meredith Ringel Morris et al., "Position: Levels of AGI for Operationalizing Progress on the Path to AGI," *Proceedings of the International Conference on Machine Learning*, no. 235 (2024), doi.org/10.48550/arXiv.2311.02462.

1부 비즈니스의 판이 뒤집히다: 무엇이 달라졌는가?

1장 도구를 넘어 동료가 된 AI

1. 리드 호프먼과의 인터뷰, 2023년 12월.
2. Reid Hoffman with ChatGPT, *Impromptu: Amplifying Our Humanity Through AI* (Anacortes, WA: Dallepedia, 2023). (한국어판은 『인간을 진화시키는 AI』(2023, 알에이치코리아))

2장 생산성을 재정의하다

1. 빌 게이츠와의 인터뷰, 2024년 1월 6일.
2. Fabrizio Dell'Acqua et al., "Navigating the Jagged Technological Frontier: Field Experimental Evidence of the Effects of AI on Knowledge Worker Productivity and Quality," *Harvard Business School Working Paper*, no. 24-013, September 2023.
3. Deloitte, "Now Decides Next: Insights from the Leading Edge of Generative AI

Adoption," Deloitte's State of Generative AI in the Enterprise, Quarter One report, January 2024.

4. Boston Consulting Group, "BCG AI Radar: From Potential to Profit with GenAI," January 12, 2024.

3장 AX 대전환의 변곡점

1. 제이미 티번과의 인터뷰, 2024년 1월 30일.

2. 무스타파 술레이만과의 인터뷰, 2024년 2월 27일.

3. 빌 게이츠와의 인터뷰, 2024년 1월 6일.

4. 에릭 본과의 인터뷰, 2024년 2월 23일.

5. 에릭 본과의 인터뷰, 2024년 2월 23일.

6. 얼리샤 파커와의 인터뷰, 2024년 3월 4일.

7. 폴 로처와의 인터뷰, 2024년 2월 14일.

2부 AX 혁명: 무엇을 해야 하는가?

5장 AI는 기술이 아니라 문화다

1. Fabrizio Dell'Acqua et al., "Navigating the Jagged Technological Frontier: Field Experimental Evidence of the Effects of AI on Knowledge Worker Productivity and Quality," *Harvard Business School Working Paper*, no. 24-013, September 2023.

6장 두려움을 확신으로 바꾸는 법

1. 이 장에서 인용한 살만 칸의 모든 발언은 2024년 7월 2일에 진행한 인터뷰에서 나온 것이다.

7장 지속 가능한 성장을 위한 인프라와 거버넌스

1. 오픈AI의 공식 웹사이트(openai.com)에 실린 소개글로, 오픈AI와 모더나의 파트너십과 이것이 모더나의 운영에 미친 영향을 자세히 설명하고 있다. 이는 전통적인 의미의 보도자료는 아니지만, 관련 기업이 직접 발표한 공식 자료에 해당한다.

2. openai.com에서 인용.

3. 브라이스 샬라멜과의 인터뷰, 2024년 8월 2일.

4. 브라이스 샬라멜과의 인터뷰, 2024년 8월 2일.

5. 브라이스 샬라멜과의 인터뷰, 2024년 8월 2일.

6. 하버드와 BCG, 이선 몰릭이 수행한 연구의 출처는 「들쭉날쭉한 기술적 경계를 헤쳐나가다: AI가 지식 노동자의 생산성과 결과물의 질에 미치는 영향을 보여주는 현장 실험 증거 Navigating the Jagged Technological Frontier: Field Experimental Evidence of the Effects of AI on Knowledge Worker Productivity and Quality」라는 제목의 논문이다. 이 연구는 하버드비즈니스스쿨, 펜실베이니아대학교 와튼스쿨, 워릭 대학교, MIT 슬론 경영대학원 소속 연구자들이 보스턴컨설팅그룹과 협력해 수행했다.

7. 모더나와의 인터뷰.

마치며: AGI와 공존하는 미래

1. 이선 몰릭과의 인터뷰, 2024년 9월 3일.

감사의 말

이 책과 프로젝트가 세상에 나올 수 있게 해준 동료 로즈 켈리에게 감사를 전한다. 로즈는 모든 회의와 연구, 집필 일정을 관리했을 뿐만 아니라 독자 커뮤니티를 구축하는 일까지 도맡았으며, 탁월한 전문성과 끈기, 균형 감각을 바탕으로 이 모든 일을 해냈다. 또한 로즈는 이야기의 흐름과 결론을 정하고 여러 생각을 하나로 연결하는 과정에서도 큰 기여를 했다.

하버드비즈니스리뷰 출판부에서 이 책과 프로젝트의 편집자이자 후원자로 함께해준 스콧 베리나토에게도 감사를 전한다. 이 책은 스콧이 먼저 우리에게 연락하지 않았다면 시작조차 하지 못했을 것이다. 그는 이 책을 쓰는 계기를 마련해주었을 뿐만 아니라, 집필 과정에서 편집자이자 멘토로서 많은 도움을 줬다.

우리 두 저자는 하버드비즈니스리뷰 출판부와 함께 책을 연재하는 동시에 커뮤니티를 만드는 새로운 형태의 프로젝트를 시도했다. 이 프로젝트에 적극적으로 참여해 각 장을 공개할 때마다 의견과 조언, 방향성을 제시해준 독자 커뮤니티에 깊은 감사를 전한다.

마지막으로 이 책을 위해 기꺼이 인터뷰에 응해준 AI와 기술, 비즈니스 분야의 모든 리더에게 감사를 전하고 싶다. 이 리더들과 나눈 깊은 대화는 자연스럽게 하나의 흐름으로 이어지며 우리의 AI 여정을 이끌었다. 그들이 시간을 내어 자신의 경험과 통찰, 그리고 각자가 거쳐온 AI 여정을 솔직하게 들려준 덕분에 여러 이야기와 관점을 한 권의 책으로 엮어낼 수 있었다.

지은이

애덤 브로트먼Adam Brotman

스타벅스 초대 최고디지털책임자CDO이자 제이크루J.Crew 전 공동 CEO. 25년 이상 기술 및 B2C 브랜드를 이끌어온 베테랑 기업가다. 스타벅스 재직 당시 6천만 명의 회원을 확보한 모바일 결제·주문·로열티 플랫폼 구축을 총괄하며 글로벌 디지털 경영의 표준을 세웠다. 그 성과를 인정받아 비즈니스 매거진 《패스트컴퍼니》가 선정한 '가장 창의적인 인물 100인'과 CDO 클럽 선정 '올해의 CDO'에 이름을 올렸다. 2021년 앤디 색과 함께 혁신 기술 자문 기업인 포럼3Forum3를 공동 설립해 기업들의 성공적인 기술 도입과 비즈니스 확장을 돕고 있다.

앤디 색Andy Sack

기술, 금융, 벤처캐피털 분야에서 25년 넘게 활동해 온 스타트업 커뮤니티의 대부이자 투자자. 사티아 나델라 CEO 체제의 마이크로소프트에서 컨설턴트로 활약하며 디지털 전환DX을 주도했다. 기술 액셀러레이터인 테크스타 시애틀Techstars Seattle의 매니징 디렉터로서 리미틀리Remitly, 집라인Zipline 등 유니콘 기업의 초기 투자를 성공적으로 이끌었으며, 세 개의 기술 회사를 공동 설립해 뉴욕타임스와 마이크로소프트 등에 매각한 바 있다. 현재 애덤 브로트먼과 포럼3를 공동 설립해 글로벌 브랜드들이 새로운 기술을 효과적으로 활용할 수 있도록 지원하고 있다.

옮긴이

윤종은

서울대학교 서어서문학과를 졸업하고, 동 대학원에서 석사학위를 받았다. 현재 펍 힙번역그룹에서 전문 번역가로 활동 중이다. 『눈에 보이지 않는 전쟁과 돈의 역사』(윌북, 2026), 『더 스튜던트』(소소의책, 2025), 『눈에 보이지 않는 돈의 지도책』(윌북, 2025), 『지식인의 자격』(황소걸음, 2024) 등을 옮겼다.

AI 최전선

AGI 미래를 읽는 사람들

펴낸날 초판 1쇄 2026년 4월 5일

지은이 애덤 브로트먼, 앤디 색

옮긴이 윤종은

펴낸이 이주애, 홍영완

편집장 최혜리 편집 안형욱, 강민우 디자인 이현진 마케팅 백지혜

펴낸곳 (주)윌북 출판등록 제2006-000017호

주소 서울특별시 마포구 동교로19길 28

홈페이지 willbookspub.com 전화 02-323-3777 팩스 02-323-3778

블로그 blog.naver.com/willbooks 트위터(X) @onwillbooks 인스타그램 @willbooks_pub

ISBN 979-11-5581-896-1 (03320)